内容简介

本示范培训教材立足涉农电子商务，追踪农产品电子商务最新动态，将电子商务基础知识、农村信息化、农产品电子商务发展过程和发展趋势、国内外典型经验做法融汇成认识篇、实践篇、探索篇三部分，并辅以大量农产品电子商务的成功案例，内容新颖，内涵丰富，深入浅出，通俗易懂。

本培训教材可作为新型职业农民培育用书、中职学校农村经济管理专业教材、新农人群体电子商务的操作指南、农村干部及农业专业技术人员的知识更新参考用书、广大农民朋友的科普读物，也可供广大“三农”工作者阅读。

新型职业农民示范培训教材

农产品电子商务100问

刘立民　曾立新◎主编

中国农业出版社

新型职业农民示范培训教材

本 册 编 写 人 员

主　编　刘立民　曾立新
副主编　赵　敏　郭洪娇
编　者　刘立民　曾立新　赵　敏　郭洪娇　李林林
　　　　牛晓尧　王　静　王丽华

出版说明

发展现代农业，已成为农业增效、农村发展和农民增收的关键。提高广大农民的整体素质，培养造就新一代有文化、懂技术、会经营的新型职业农民刻不容缓。没有新农民，就没有新农村；没有农民素质的现代化，就没有农业和农村的现代化。因此，编写一套融合现代农业技术和社会主义新农村建设的新型职业农民示范培训教材迫在眉睫，意义重大。

为配合《农业部办公厅　财政部办公厅关于做好新型职业农民培育工作的通知》，按照“科教兴农、人才强农、新型职业农民固农”的战略要求，以造就高素质新型农业经营主体为目标，以服务现代农业产业发展和促进农业从业者职业化为导向，着力培养一大批有文化、懂技术、会经营的新型职业农民，为农业现代化提供强有力的人才保障和智力支撑，中国农业出版社组织了一批一线专家、教授和科技工作者编写了“新型职业农民示范培训教材”丛书，作为广大新型职业农民的示范培训教材，为农民朋友提供科学、先进、实用、简易的致富新技术。

本系列教材共有29个分册，分两个体系，即现代农业技术体系和社会主义新农村建设体系。在编写中充分体现现代教育培训“五个对接”的理念，主要采用“单元归类、项目引领、任务驱动”的结构模式，设定“学习目标、知识准备、任务实施、能力转化”等环节，由浅入深，循序渐进，直观易懂，科学实用，可操作性强。

我们相信，本系列培训教材的出版发行，能为新型职业农民培养及现代农业技术的推广与应用积累一些可供借鉴的经验。

因编写时间仓促，不足或错漏在所难免，恳请读者批评指正，以资修订，我们将不胜感激。

2017-06-20

目　录

实践篇

认识篇

农村经济

1 什么是电子商务?

通过计算机网络进行商务活动就称为电子商务。计算机网络泛指以互联网（Internet）为主的各类计算机网络，商务活动泛指商务信息、商务管理、商务交易。

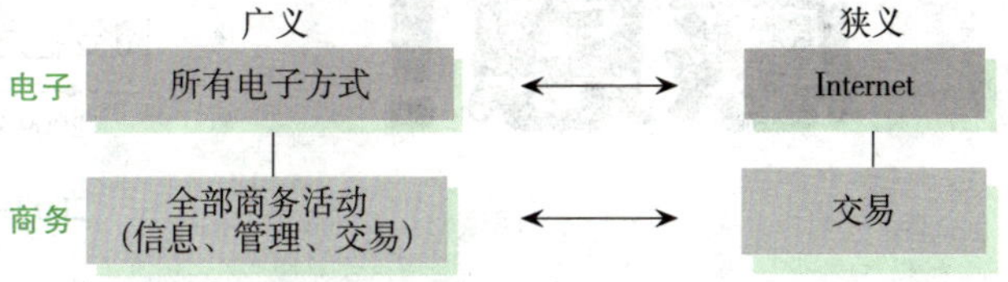

“十二五”时期，我国电子商务行业发展迅猛，产业规模迅速扩大，电子商务信息、交易和技术等服务企业不断涌现。2010 年中国电子商务市场交易额已达 4.5 万亿元，同比增长 22%。2011 年我国电子商务交易总额再创新高，达到 5.88 万亿元，其中中小企业电子商务交易额达到 3.21 万亿元。

截至 2013 年 12 月，我国网络购物用户规模达到 3.02 亿，较上年增加 5 987 万，增长了 24.7%，使用率从 42.9%提升至 48.9%。

2013 年网络购物用户规模的增长得益于以下三个因素：首先，电商企业开始从“价格驱动”转向“服务驱动”，提升了网络购物的消费体验；其次，整体应用环境的优化，如网络安全环境的改善，移动支付、比价搜索等应用发展，为网络购物创造了更为便利的条件；最后，网络购物法规逐步完善为网络购物营造了更安全的环境。2013 年，政府加快了网络零售市场的立法进程，新的《中华人民共和国消费者权益保护法》纳入了与网络购物相关的个人信息保护、追溯责任等内容，保障了消费者网络购物的基本权益。

2013 年 5 月 28 日，国家发展和改革委员会表示在可信交易方面，国家工商行政管理总局正在会同有关部门，推进电子商务交易主体、客体和交易过程中基础信息的规范管理和服务；国家质量监督检验检疫总局也在着力研究建立电子商务交易产品基础信息的规范化管理制度，建立基于统一产品编码体系的质量公开制度；商务部也在着力推进信用监测体系的建设。

疯狂的“双 11”

2013 年 11 月 11 日 0 点整至 24 点整，天猫（www.tmall.com）、淘宝（www.taobao.com）“双 11”购物节画上句号，成交额定格在 350.19 亿元。“双 11”的火爆成交额或者说是线上业态的快速发展，对不少传统零售模式来说是一记警钟，催促着从线下转到线上。同时，很多线上企业也在积极发展线下业务，最终发展为线下和线上的共荣共生。

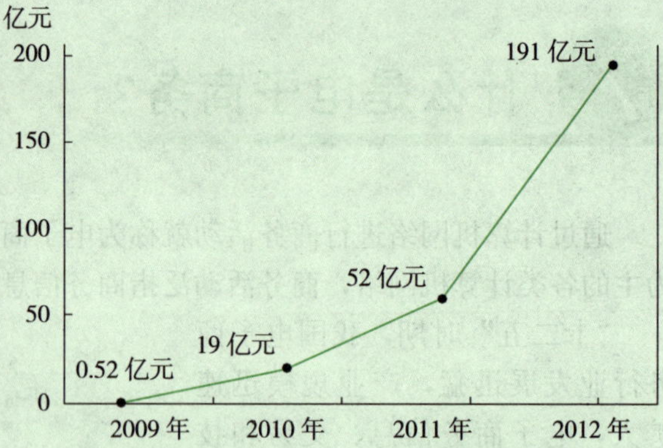

2009—2013 年“双 11”交易额的变化

2012 年“双 11”交易额（亿元）

时间	2 分钟	37 分钟	70 分钟	8 小时 16 分	13 小时 18 分	24 小时
交易额	1	10	20	50	100	191

2013 年“双 11”交易额（亿元）

时间	55 秒	6 分 07 秒	13 分 22 秒	21 分钟	29 分钟	38 分钟	50 分钟	1 小时 03 分
交易额	1	10	20	30	40	50	60	70
时间	1 小时 22 分	2 小时 08 分	5 小时 49 分	8 小时 42 分	10 小时 53 分	13 小时 04 分	13 小时 39 分	17 小时 31 分
交易额	80	90	100	121	157	191	200	250

电商改变大众消费习惯，是不可逆的趋势。网购的便捷性与价格优势，对实体商店形成了巨大的压力，影响着市场格局。但对电商来说，抢占到商品流量优势，未必就能大获全胜。前几年“双 11”中泛滥的超卖、慢递，甚至货不对板等问题，若难以妥善解决，光有营销架子，而无用户体验提升，消费者极有可能折返到实体店。而服务品质，也注定是两种商业形态之争的另一个重要据点。正如阿里巴巴集团董事局主席马云所言，“双 11”购物狂欢节已并非外界所谓的电商大战，而是我国经济转型的一个信号，是新的商业模式大战传统商业模式。苏宁易购执行副总裁李斌也认为，“双 11”的扎堆消费虽然存在一些不理性，但长远来看，这种集中高流量的大促销能够有效检验企业的运营、系统、服务等，有利于行业的整合和进步。

2 电子商务具有哪些基本特征？

从电子商务的含义及发展历程可以看出，电子商务具有以下基本特征：

(1) 普遍性

电子商务作为一种新型的交易方式，将生产企业、流通企业以及消费者和政府带入了一个网络经济、数字化生存的新天地。

(2) 方便性

在电子商务环境中，人们不再受地域的限制，客户能以非常简捷的方式完成过去较为繁杂的商业活动。如通过网络银行能够全天候地存取账户资金、查询信息等，同时使企业服务客户的质量得以大大提高。在电子商务商业活动中，有大量的人脉资源开发和沟通，从业时间灵活，有钱有闲。

(3) 整体性

电子商务能够规范事务处理的工作流程，将人工操作和电子信息处理集成为一个不可分割的整体，这样不仅能提高人力和物力的利用率，也可以提高系统运行的严密性。

(4) 安全性

在电子商务中，安全性是一个至关重要的核心问题，它要求网络能提供一种端到端的安全解决方案，如加密机制、签名机制、安全管理、存取控制、防火墙、防病毒保护等，这与传统的商务活动有着很大的不同。

(5) 协调性

商业活动本身是一种协调过程，需要客户与公司内部、生产商、批发商、零售商间的协调。在电子商务环境中，更要求银行、配送中心、通信部门、技术服务等多个部门的通力协作，电子商务的全过程往往是一气呵成的。

3 电子商务有哪些功能？

电子商务可提供网上交易和管理等全过程的服务。因此，它具有广告宣传、咨询洽谈、网上订购、网上支付、电子账户、服务传递、意见征询、交易管理等各项功能。

(1) 广告宣传

电子商务可凭借企业的Web服务器和客户的浏览，在Internet上发布各类商业信息。客户可借助网上的检索工具（Search）迅速地找到所需商品信息，而商家可利用网上主页（Home Page）和电子邮件（E-mail）在全球范围内进行广告宣传。与以往的各类广告相比，网上的广告成本最为低廉，而给顾客的信息量却最为丰富。

(2) 咨询洽谈

电子商务可借助非实时的电子邮件，新闻组（News Group）和实时的讨论组（Chat）来了解市场和商品信息、洽谈交易事务。如有进一步的需求，还可用网上的白板会议（White Board Conference）来交流即时的图形信息。网上的咨询和洽谈能超越人们面对面洽谈的限制，提供多种方便的异地交谈形式。

(3) 网上订购

电子商务可借助Web中的邮件交互传送实现网上订购。网上的订购通常都是在产品介绍页面提供十分友好的订购提示信息和订购交互格式框。当客户填完订购单后，通常系统会回复确认信息单来保证订购信息的收悉。订购信息也可采用加密的方式使客户和商家的商业信息不致泄漏。

(4) 网上支付

电子商务要成为一个完整的过程，网上支付是重要的环节。客户和商家之间可采用信用卡账号实施支付。在网上直接采用电子支付手段将可省略交易中很多人员的开销。网上支付将需要更为可靠的信息传输安全性控制以防止欺骗、窃听、冒用等非法行为。

(5) 电子账户

网上的支付必须要有电子金融来支持，即银行或信用卡公司及保险公司等金融单位要为金融服务提供网上操作的服务，电子账户管理是其基本的组成部分。信用卡号或银行账号都是电子账户的一种标志，其可信度需配以必要技术措施来保证，如数字凭证、数字签名、加密等手段的应用提供了电子账户操作的安全性。

(6) 服务传递

对于已付款的客户应将其订购的货物尽快传递到他们的手中。而有些货物在本地，有些货物在异地，电子邮件将能在网络中进行物流的调配。最适合在网上直接传递的货物是信息产品，如软件、电子读物、信息服务等，它能直接从电子仓库中将货物发到用户端。

(7) 意见征询

电子商务能十分便捷地采用网页上的“选择”“填空”等格式文件来收集用户对销售服务的反馈意见，使企业的市场运营形成一个封闭的回路。客户的反馈意见不仅能提高售后服务的水平，更使企业获得改进产品、发现市场的商业机会。

(8) 交易管理

整个交易的管理将涉及人、财、物多个方面，包括企业和企业、企业和客户及企业内部等各方面的协调和管理。因此，交易管理是涉及商务活动全过程的管理。电子商务的发展将会提供一个良好的交易管理的网络环境及多种多样的应用服务系统，以保障电子商务获得更广泛的应用。

4 电子商务的基本组成要素有哪些？

电子商务的基本组成要素有计算机网络、用户、认证中心、物流配送中心、网上银行等。

(1) 计算机网络

计算机网络包括互联网、内联网、外联网。互联网是电子商务的基础，是全世界范围内进行商务、业务信息传送的载体；内联网是企业内部商务活动和经营管理的网络平台；外联网是企业与企业之间及企业与客户之间进行商务活动的纽带。

(2) 用户

电子商务用户可分为个人用户和企业用户。个人用户使用浏览器、电视机顶盒、个人数字助理、可视电话等接入互联网。为了获取信息、购买商品，还需采用 Java 技术及产品。企业用户建立企业内联网、外联网和企业管理信息系统，对人、财、物、供、销、存进行科学管理。

(3) 认证中心（CA 中心）

认证中心是法律承认的权威机构，负责发放和管理电子证书，使网上交易的各方能相互确认身份。电子证书是一个包含证书持有人、个人信息、公开密匙、证书序号、有效期、发证单位的电子签名等内容的数字文件。

(4) 物流配送中心

物流配送中心接受商家的送货要求，组织运送无法从网上直接得到的商品，跟踪产品的流向，将商品送到客户的手中。

(5) 网上银行

在互联网上实现传统银行的业务，为用户提供24小时的实时服务；与信用卡公司合作，发放电子钱包，提供网上支付手段，为电子商务交易中的用户和商家服务。

典型的电子商务系统

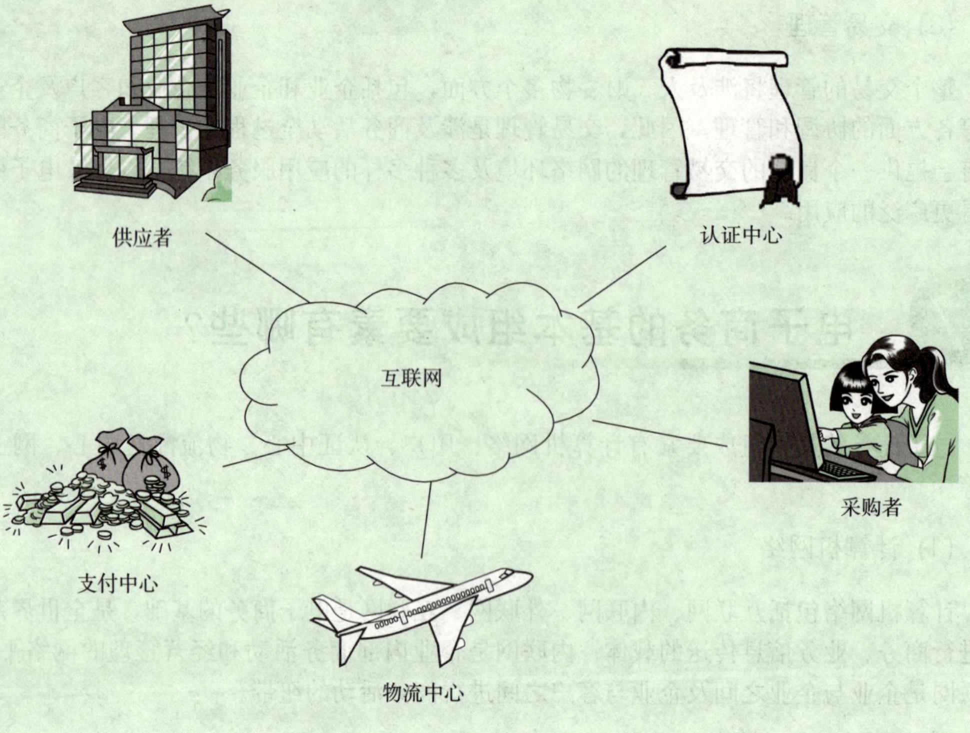

5 电子商务的关联对象有哪些?

电子商务的形成与交易离不开以下三方面的关系：

(1) 交易平台

第三方电子商务平台（以下简称“交易平台”）是指在电子商务活动中为交易双方或多方提供交易撮合及相关服务的信息网络系统的总和。

(2) 平台经营者

第三方交易平台经营者（以下简称“平台经营者”）是指在工商行政管理部门登记注

册并领取营业执照，从事第三方交易平台运营并为交易双方提供服务的自然人、法人和其他组织。

(3) 站内经营者

第三方交易平台站内经营者（以下简称“站内经营者”）是指在电子商务交易平台上从事交易及有关服务活动的自然人、法人和其他组织。

6 电子商务是如何分类的？

(1) 按照商业活动的运行方式分

电子商务可以分为完全电子商务和非完全电子商务。

(2) 按照商务活动的内容分

电子商务可以分成间接电子商务（有形货物的电子订货和付款，仍然需要利用传统渠道如邮政服务和商业快递车送货）和直接电子商务（无形货物和服务，如某些计算机软件、娱乐产品的联机订购、付款和交付，或者是全球规模的信息服务）。

(3) 按照开展电子交易的范围分

电子商务可以分为区域化电子商务、远程国内电子商务、全球电子商务。

(4) 按照使用网络的类型分

电子商务可以分为基于专门增值网络（EDI）的电子商务、基于互联网（Internet）的电子商务、基于企业内部网（Intranet）的电子商务。

(5) 按照交易对象分

电子商务可以分为企业对企业的电子商务（B2B），企业对消费者的电子商务（B2C），企业对政府的电子商务（B2G），消费者对政府的电子商务（C2G），消费者对消费者的电子商务（C2C），企业、消费者、代理商三者相互转化的电子商务（ABC），以消费者为中心的全新商业模式（C2B2S），以供需方为目标的新型电子商务（P2D）。

7 典型的电子商务模式有哪些？

(1) B2B 模式

B2B（Business to Business）模式是商家（泛指企业）对商家的电子商务，即企业与企业之间通过互联网进行产品、服务及信息的交换。通俗的说法是指进行电子商务交易的供需双方都是商家（或企业、公司），他们使用 Internet 的技术或各种商务网络平台，完成商务交易的过程。这些过程包括：发布供求信息，订货及确认订货，支付过程以及票据的签发、传送和接收，确定配送方案并监控配送过程等。阿里巴巴就是基于 B2B 模式的电子商务网站。

B2B 模式　阿里巴巴网站首页

（2）B2C 模式

B2C（Business to Customer）模式是中国最早产生的电子商务模式，如今的 B2C 电子商务网站非常多，比较大型的有天猫商城、京东商城、1 号店、亚马逊、苏宁易购、国美在线等。

（3）C2C 模式

C2C（Consumer to Consumer）模式同 B2B、B2C 一样，都是电子商务的几种模式之一。不同的是，C2C 是用户对用户的模式，C2C 商务平台就是通过为买卖双方提供一个在线交易的平台，通过网络进行交易，由用户把商品出售给另一个用户。淘宝网就是基于 C2C 模式的电子商务网站。

（4）B2M 模式

相对于 B2B、B2C、C2C 的电子商务模式而言，B2M（Business to Manager）模式是一种全新的电子商务模式，相对于以上三种模式有着本质的不同，其根本的区别在于目标客户群的性质不同，前三者的目标客户群都是作为一种消费者的身份出现，而 B2M 所针

B2C 模式　京东商城首页

C2C 模式　淘宝网首页

对的客户群是该企业或者该产品的销售者或者为其工作者，而不是最终消费者。

B2M 环节中，企业通过网络平台发布该企业的产品或者服务，职业经理人通过网络获取该企业的产品或者服务信息，并且为该企业提供产品销售或者提供企业服务，企业通过经理人的服务达到销售产品或者获得服务的目的。

（5）B2G（B2A）模式

B2G（Business to Government）模式是企业与政府管理部门之间的电子商务，如政府采购、海关报税的平台以及国税局和地税局报税的平台等。

B2G 模式 · 中央政府采购网

（6）M2C 模式

M2C（Manufacturers to Consumer）是针对 B2M 的电子商务模式而出现的延伸概念，是由生产厂家（Manufacturers）直接对消费者（Consumers）提供自己的产品或服务的一种商业模式，特点是流通环节减少至一对一，销售成本低，保障了产品品质和售后服务质量。

(7) O2O模式

O2O（Online to Offline）模式是新兴的一种电子商务商业模式，即将线下商务的机会与互联网结合在一起，让互联网成为线下交易的前台。这样线下服务就可以用线上来揽客，消费者可以用线上来筛选服务，成交可以在线结算，很快达到规模。该模式最重要的特点是：推广效果可查，每笔交易可跟踪。以美乐乐的O2O模式为例，其通过搜索引擎和社交平台建立海量网站入口，将网上的一批家居网购消费者吸引到美乐乐家居网，进而引流到当地的美乐乐体验馆。线下体验馆则承担产品展示与体验以及部分的售后服务功能。

O2O模式 美乐乐家居网

美乐乐是一家专业从事家具的电子商务销售的公司，成立于2008年。2008年以来，一面是中国电子商务的飞速发展，一面是家居行业日益激烈的市场竞争，美乐乐家居网正是在这样的背景下应运而生并谋求发展的。

2011年，美乐乐率先在国内实现由线上“美乐乐家居网”与线下“美乐乐体验馆”为基础的“双平台O2O”经营模式。美乐乐家居网，是集装修、家具、建材、家饰家纺等多种产品与服务为一体的“一站式”家居综合平台。美乐乐体验馆，既是与美乐乐家居网一体联动的线下实体平台，也是美乐乐贴近市场和服务消费者的“实体终端”。

美乐乐坚持“国内生产，国际一线品质”的产品方针，旨在让更多的国内消费者也能体验到国际一流水平的家具产品品质。经过 6 年多的发展，美乐乐家居网注册会员已达到数千万，并在全国拥有近 300 家体验馆，覆盖了国内大部分家具网购的人群。现公司已经发展成为一个行业内颇具影响力的大型家具电子商务公司。

（8）C2B 模式

C2B（Customer to Business）模式即消费者对企业，是电子商务模式的一种，最先在美国流行起来。C2B 模式的核心，是通过聚合分散分布但数量庞大的用户形成一个强大的采购集团，以此来改变 B2C 模式中用户一对一出价的弱势地位，使之享受到以大批发商的价格买单件商品的优势。

（9）P2D 模式

P2D（Provide to Demand）模式是一种全新的、涵盖范围更广泛的电子商务模式，强调的是供应方和需求方的多重身份，即在特定的电子商务平台中，每个参与个体的供应方和需求方都能得到充分满足，充分体现特定环境下的供给端报酬递增和需求端报酬递增。

（10）C2B2S 模式

C2B2S（Customer to Business-Share）模式是 C2B 模式的延升，该模式很好地解决了 C2B 模式中客户发布需求产品初期无法聚集庞大的客户群体而致使与邀约的商家交易失败。全国首家采用该模式的平台是“晴天乐客”。

C2B2S 模式　晴天乐客网

晴天乐客

lekego.com

台州晴天电子商务有限公司位于浙江台州临海市，是浙江正特集团有限公司旗下的电子商务企业，采用全新的电子商务 C2B2S 模式，该模式是 C2B 和 B2S 的结合，突破了以往单一的 B2B、C2C、B2C、O2O 的模式，以消费者价值为导向，让消费者以不同形式参与到购物、分享、经营、策划等环节中进行群体协作和商业活动，让线下商务与互联网结合在一起，很好地实现了消费者、商家、乐客店和平台之间的利益共享，达成多方共赢，这是一种全新的互联网购物模式。

工业时代以厂商为中心的传统模式，正在逐步被信息时代以消费者为中心的C2B2S模式所取代。C2B2S模式中，消费者也可以与企业更有效地互动，并以不同形式参与到分享、经营、策划等环节中。C2B2S模式提供的平台服务，把第三方商家（乐客店）引入自己搭建的市场，同时支持第三方商家（乐客店），共同服务于海量卖家和消费者，让海量个体在互联网上做生意和消费成为了可能。“线下体验＋线上下单＋个性化参与＋第三方服务”的形态将越来越普遍，线上渠道也将与线下渠道实现深度融合，这些举措都创造了电子商务新的模式。

(11) B2B2C模式

B2B2C（Business to Business to Customers）模式是一种新的网络通信销售方式。第一个“B”指广义的卖方（即成品、半成品、材料提供商等），第二个“B”指交易平台，即提供卖方与买方的联系平台，同时提供优质的附加服务，“C”即指买方。卖方不仅仅是公司，可以包括个人，即一种逻辑上的买卖关系中的卖方。

B2B2C模式　美团团购网

(12) B2T 模式

B2T (Business to Team) 模式是继 B2B、B2C、C2C 后的又一电子商务模式，即为一个团队向商家采购。团购 B2T，本来是“团体采购”的定义，而今，网络的普及让团购成为了很多中国人参与的消费革命。所谓网络团购，就是互不认识的消费者，借助互联网的“网聚人的力量”来聚集资金，加大与商家的谈判能力，以求得最优的价格。尽管网络团购的出现只有短短两年多的时间，却已经成为在网民中流行的一种新消费方式。据了解，网络团购的主力军是年龄 25～35 岁的年轻群体，在北京、上海、深圳等大城市十分普遍。

8 电子商务的发展经历了哪几个阶段？

(1) 电子邮件阶段

这个阶段可以认为是从 20 世纪 70 年代开始的，通信量以每年几倍的速度增长。

(2) 信息发布阶段

从 1995 年起，以 Web 技术为代表的信息发布系统爆炸式地成长起来，成为互联网的主要应用。中小企业应把握好从“粗放型”到“精准型”营销时代的电子商务。

(3) EC (Electronic Commerce)，即电子商务阶段

EC 在美国也才刚刚开始，之所以把 EC 列为一个划时代的东西，是因为互联网最终的主要商业用途，就是电子商务。反过来也可以说，若干年后的商业信息，主要是通过互联网传递的。互联网即将成为我们这个商业信息社会的神经系统。1997 年年底，在加拿大温哥华举行的第五次亚太经合组织非正式首脑会议 (APEC) 上，美国总统克林顿提出敦促各国共同促进电子商务发展的议案，引起了全球首脑的关注，IBM、HP 和 Sun 等国际著名的信息技术厂商宣布 1998 年为电子商务年。

(4) 全程电子商务阶段

随着 SaaS (Software-as-a-Service) 软件服务模式的出现，软件纷纷登录互联网，延长了电子商务的链条，形成了当下最新的“全程电子商务”概念模式。

(5) 智慧阶段

2011 年，互联网信息碎片化以及云计算技术愈发成熟，主动互联网营销模式出现，i-Commerce (individual Commerce) 顺势而出，电子商务摆脱传统销售模式生搬上互联网的现状，以主动、互动、用户关怀等多角度与用户进行深层次沟通。其中以亿赞普 (IZP) 科技集团提出的互联网通信引擎 (Internet Communications Engine，ICE) 最具有代表性。

9 中国的电子商务经历了怎样的发展阶段？

（1）起步期

1990—1993 年，电子数据交换时代，是中国电子商务的起步期。

（2）雏形期

1993—1997 年，政府领导组织开展“三金工程”阶段，为电子商务发展期打下了坚实的基础。

①1993 年成立了以时任国务院副总理邹家华为主席的国民经济信息化联席会议及其办公室，相继组织了金关、金卡、金税等“三金工程”，取得了重大进展。

②1996 年 1 月，成立国务院国家信息化工作领导小组，由副总理任组长，20 多个部委参加，统一领导组织中国信息化建设。

③1996 年，全桥网与因特网正式开通。

④1997 年，信息办组织有关部门起草编制中国信息化规划。

⑤1997 年 4 月在深圳召开全国信息化工作会议，各地相继成立信息化领导小组及其办公室，各省开始制订本省包含电子商务在内的信息化建设规划。

⑥1997 年，广告主开始使用网络广告。

⑦1997 年 4 月以来，中国商品订货系统（CGOS）开始运行。

（3）发展期

1998—2000 年，是中国互联网电子商务的发展阶段。

①1998 年 3 月，中国第一笔互联网网上交易成功。

②1998 年 10 月，国家经济贸易委员会与信息产业部联合宣布启动以电子贸易为主要内容的“金贸工程”，试点推广网络化应用、开发电子商务在经贸流通领域的大型应用。

③1999 年 3 月，8848 等 B2C 网站正式开通，网上购物进入实际应用阶段。

④1999 年兴起政府上网、企业上网，电子政务（政府上网工程）、网上纳税、网上教育（湖南大学、浙江大学网上大学），远程诊断（北京、上海的大医院）等广义电子商务开始启动，通过试点进入实际试用阶段。

（4）稳定期

2000—2009 年，电子商务逐渐以传统产业 B2B 为主体，标志着电子商务已经进入可持续发展的稳定期。

（5）成熟期

3G 的蓬勃发展促使全网全程的电子商务 V5 时代成型，电子商务已经受到国家高层的重视，并提升到国家战略层面。

10 我国电子商务的发展现状如何？

(1) 电子商务不断普及和深化

电子商务在我国工业、农业、商贸流通、交通运输、金融、旅游和城乡消费等各个领域的应用不断得到拓展，应用水平不断提高，正在形成与实体经济深入融合的发展态势。跨境电子商务活动日益频繁，移动电子商务成为发展亮点。大型企业网上采购和销售的比重逐年上升，部分企业的电子商务正在向与研发设计、生产制造和经营管理等业务集成协同的方向发展。电子商务在中小企业中的应用普及率迅速提高，2010 年中小企业网上交易和网络营销的利用率达到 42.1%。网络零售交易额迅速增长，"十一五"期间年均增速达 100.8%，占社会消费品零售总额比重逐年上升，成为拉动需求、优化消费结构的重要途径。

中国网络零售市场交易额变化

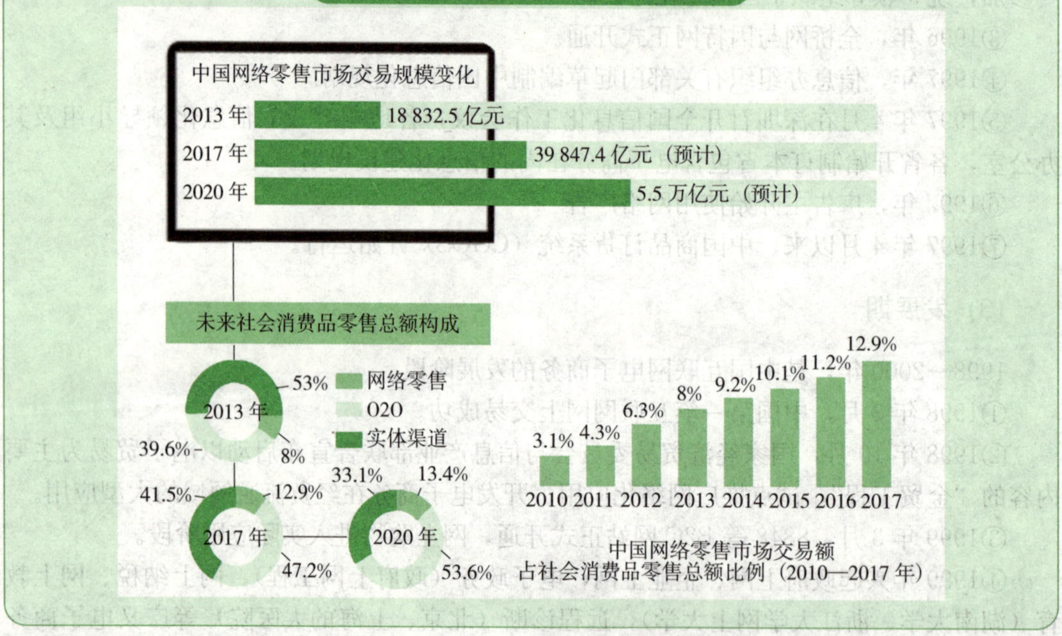

市场调研机构 IDC 发布白皮书显示，2013 年中国网络零售市场交易规模达到 18 832.5亿元，2014 年中国将超过美国成为全球第一大网络零售市场。到 2020 年，中国网络零售市场交易规模将达到 5.5 万亿元。届时，社会消费品零售总额中将至少有 66.7%的交易涉及电子商务相关服务，产业影响力不断提升。

(2) 电子商务支撑水平快速提高

"十一五"期间，电子商务平台服务、信用服务、电子支付、现代物流和电子认证等支撑体系加快完善。围绕电子商务信息、交易和技术等的服务企业不断涌现，2010 年已达到 2.5 万家。电子商务信息和交易平台正在向专业化和集成化的方向发展。社会信用环境不断改善，为电子商务的诚信交易创造了有利的条件。网上支付、移动支付、电话支付等新兴支付服务发展迅猛，第三方电子支付的规模增加近 60 倍，2010 年达到 1.01 万亿元。现代物流业快速发展，对电子商务的支撑能力不断增强，特别是网络零售带动了快递服务的迅速发展，2010 年全国规模以上快递服务企业业务量达 23.4 亿件，业务收入达 574.6 亿元，其中网络零售带动的业务量占快递总量的一半左右。2010 年底有效电子签名认证证书持有量超过 1 530 万张，电子证书正在电子商务中得到广泛应用。通信运营商、软硬件及服务提供商等纷纷涉足电子商务，为用户提供相关服务。

(3) 电子商务发展环境不断改善

"十一五"期间，我国网络基础设施不断改善，用户规模快速增长，2010 年互联网普及率达 34.3%，网民规模达到 4.57 亿，移动电话用户数达到 8.59 亿，其中 3G 用户数达到 4 705 万。网络服务能力不断提升，资费水平不断降低。全社会电子商务应用意识不断增强，应用技能得到有效提高。电子商务国际交流与合作日益广泛。相关部门协同推进电子商务发展的工作机制初步建立，围绕促进发展、电子认证、网络购物、网上交易和支付服务等主题，出台了一系列政策、规章和标准规范，为构建适合国情和发展规律的电子商务制度环境进行了积极探索。

电子商务的发展仍然存在着一些比较突出的问题。一是电子商务对促进传统生产经营模式创新发展的作用尚未充分发挥，对经济转型和价值创造的贡献潜力尚未充分显现。二是电子商务的商业模式尚不成熟，服务能力尚待增强，服务水平尚待提高，服务范围尚待拓展。三是电子商务发展的制度环境还不完善，相关法律法规建设滞后，公共服务和市场监管有待增强，信用体系发展亟待加强，网上侵犯知识产权和制售假冒伪劣商品、恶意欺诈、违法犯罪等问题不断发生，网络交易纠纷处理难度较大，在一定程度上影响了人们对电子商务发展的信心。四是推进电子商务发展的体制机制有待健全，投融资环境有待改善，统计与监测评价工作亟待加强，全社会对电子商务的认识有待进一步提高，对网络空间的经济活动规律有待进一步探索。

11 我国电子商务目前面临怎样的形势？

随着我国工业化、信息化、城镇化、市场化和国际化的深化发展，电子商务将迎来加速发展的战略机遇期。

(1) 经济转型升级对电子商务发展提出新需求

"十二五"时期，我国经济发展面临资源环境约束增强、产业结构不合理、投资和消费关系失衡等重大问题，亟待通过信息化与工业化深度融合转变经济发展方式。迫切需要进一步发挥电子商务在创新企业生产经营模式、提高产业组织效率、激发市场活力、优化资源配置、促进节能减排、带动新兴服务业发展中的积极作用，推动产业结构调整，拉动国内市场需求，创造新的经济增长点。

(2) 社会结构和消费观念的变革给电子商务发展带来新空间

“十二五”时期，我国社会主义新农村建设和城镇化发展步伐将进一步加快，城乡居民的生产生活方式将发生巨大变化，人均收入不断增加，消费结构升级加快，年轻一代逐步成为新的消费群体，同时，就业总量压力和结构性矛盾进一步凸显。亟须通过加快发展电子商务，促进城乡一体化的便民服务体系发展，更好地满足居民多样化、个性化的消费需求和对美好生活的新期待，带动工作方式的转变和相关服务业的发展，优化就业结构、缓解就业压力、促进社会和谐。

(3) 信息技术持续发展给电子商务发展带来新条件

宽带、融合、安全和泛在的下一代国家信息基础设施加快建设，新一代移动通信网、下一代互联网和数字广播电视网加快布局，三网融合全面推进。以云计算和物联网为代表的新一轮信息技术变革正在兴起，重点领域酝酿着新的突破。智能搜索和社区网络等应用形式不断涌现。新技术的发展为电子商务创新发展提供更好的技术条件。

(4) 全球竞争与合作深化给电子商务发展提出新挑战

电子商务已成为全球一体化生产和组织方式的重要工具，各国在通过电子商务争夺资源配置主动权、提高经济竞争力的同时，也在密切关注电子商务发展中的不确定性，加强市场风险防范。为赢得国际经济竞争与合作的新优势，我国亟须加快和务实发展电子商务，结合“引进来”和“走出去”战略，利用好“两个市场、两种资源”，提高我国产业和资源的组织能力，优化在全球产业分工中的定位布局，提高国际竞争力。

12 电子商务“十二五”规划的重点任务是什么？

(1) 提高大型企业电子商务水平

发挥大型企业电子商务主力军的作用，进一步促进企业电子商务应用系统的规模发展和品牌建设，提高网络集中采购水平和透明化程度，提升企业营销能力。深化大型工业企业电子商务应用，促进实体购销渠道和网络购销渠道互动发展，提高供应链和商务协同水平。推动大型商贸流通企业通过电子商务提高流通效率，扩展流通渠道和市场空间。鼓励有条件的大型企业电子商务平台向行业电子商务平台转化。

(2) 推动中小企业普及电子商务

鼓励中小企业应用第三方电子商务平台，开展在线销售、采购等活动，提高生产经营和流通效率。引导中小企业积极融入龙头企业的电子商务购销体系，发挥中小企业在产业链中的专业化生产、协作配套作用。鼓励有条件的中小企业自主发展电子商务，创新经营模式，扩展发展空间，提高市场反应能力。鼓励面向产业集群和区域特色产业的第三方电子商务平台发展，帮助中小企业通过电子商务提高竞争力。稳健推进各类专业市场发展电子商务，促进网上市场与实体市场的互动发展，为中小企业应用电子商务提供良好条件。

(3) 促进重点行业电子商务发展

积极发展农业电子商务，促进农资和农产品流通体系的发展，拓宽农民致富渠道。着力推进工业电子商务，促进工业从生产型制造向服务型制造转变。深化商贸流通领域电子商务应用，促进传统商贸流通业转型升级。鼓励综合性和行业性信息服务平台深度挖掘产业信息资源，拓展服务功能，创新服务产品，提高信息服务水平。促进大宗商品电子交易平台规范发展，创新商业模式，形成与实体交易互动发展的服务形式。推动交通运输、铁路、邮政、文化、旅游、教育、医疗和金融等行业应用电子商务，促进行业服务方式的转变。

深化现代农业生产组织与连锁超市挂钩的电子商务，推动涉农电子商务平台建设。支持大型商场、批发市场和连锁超市发展电子商务，创新商业模式。推进食品和药品行业的电子商务发展，降低流通成本，提高精细化管理和安全责任可追溯水平。进一步推动民航、铁路、公路和水运等行业加快拓展电子客票、电子货单等服务。鼓励邮政、快递、物流配送企业依托实体网络发展电子商务。大力发展旅游电子商务，创新旅游业发展模式，培育现代旅游服务品牌。

探索篇

农村经济

13 我国农业发展面临什么样的形势？

(1)“三农”问题依然严峻

近年来，中央坚持把“三农”工作作为全党工作的重中之重，不断完善强农惠农政策，加大“三农”投入力度，农业和农村经济克服严重自然灾害和国际金融危机等影响，实现了持续稳定发展。

但是，我国农业现代化滞后于工业化、城镇化的问题相当突出，农村发展滞后、城乡发展不协调越来越成为我国现代化建设的关键制约。

一是农业发展的基础尚不稳固。农业基础设施薄弱、物质装备水平不高、科技自主创新能力不强、公共服务和社会化服务滞后、组织化程度较低等问题突出，在资源短缺与环境约束加剧、农产品需求刚性增长、国内外传导联动和相互影响日益加深的背景下，保障农产品供求总量平衡、结构平衡、质量安全和生态安全的压力增大。

二是农村生产要素流失严重。在工业化、城镇化快速发展中存在着耕地占多补少、占优补劣和非农化、非粮化现象；随着农村劳动力大量转移，农村劳动力已进入总量过剩与结构性短缺并存阶段，关键农时缺人手、现代农业发展缺人才、新农村建设缺人力问题凸显；农村资金外流、金融服务供给不足问题依然突出，加快建立城乡要素平等交换和合理补偿机制的要求更加迫切。

三是促进农民持续较快增收难度增大。农业生产进入高成本阶段，金融危机后农民外出务工增速放缓，城乡居民收入差距扩大的趋势尚未遏制，缩小城乡差距任务艰巨。

(2) 农产品“买难”“卖难”问题依旧突出

2012 年下半年以来，我国多地出现蔬菜、水果滞销，呈现一片“卖难”景象，严重损害了农民利益。但与此同时，消费者在购买果蔬等农产品时，依然遭遇“买贵”，农产品流通“买难”“卖难”的情况十分突出。

据商务部监测，2012 年我国蔬菜水果市场供需总体平衡。11 月份全国百家批发市场蔬菜交易量同比增长 15.2%，全国 18 种蔬菜平均批发价格每千克 2.99 元，环比上涨 7.6%，同比上涨 10.3%；全国水果批发价格环比上涨 2.9%，同比下降 0.4%。农产品“买难”“卖难”现象是部分农产品在局部地区发生的滞销现象，农产品价格波幅过大，频率过高，小生产和大市场存在的矛盾是产生这一问题的根本原因。

流通环节多，损耗大，则是导致“买难”“卖难”的重要推手。据测算，蔬菜从田间到达消费者餐桌一般经过 4～6 个环节，每增加一个流通环节，成本都将增加，加上各种税收和管理费用，流通成本过高成为“卖难”的一个直接原因。同时，由于冷链物流设施建设滞后，外调蔬菜还面临气候发化、路途拥堵等诸多不可控因素影响，造成大量损耗。

如何防止果蔬等农产品频陷暴涨暴跌怪圈？如何降低流通成本进而降低菜价？这一系列问题都是困扰我国广大农民和农业相关部门的难题。

14 农产品具有哪些特点？

农产品本身具有鲜活性、多样性，而其生产又具有很强的季节性、区域性和分散性。“橘生淮南则为橘，生于淮北则为枳”就是这个道理。因此，农产品与其他产品比较起来，其销售也就更加特殊、更加复杂。

（1）利润低

农产品贸易相对于手工业品贸易而言，往往利润低，无比较优势可言。

（2）生产小而分散

农产品生产分散在农村千家万户，农产品在集中交易时具有地域性特点，通常采用集市贸易的形式，规模小而分散。特别在我国，农业生产一般建立在集体所有制的基础上，而在具体操作上又是以家庭联产承包经营为主，不可避免地造成土地分割经营，单位面积小。

（3）具有生产资料和生活资料的双重性质

许多农产品既是人们日常生活的必需品和最终消费品，又是农产品加工企业所购买的原材料。

（4）供给具有季节性和周期性

由于农业生产具有季节性，农产品市场的货源随农业生产季节而变动，特别是一些鲜活农产品，如不及时采购和销售，就可能给农户造成经济损失。

（5）市场风险较大

因为农产品具有鲜活的特点，在运输、贮存、销售中会发生腐烂、发霉和病虫害，极易造成损失，所以农产品在销售时要尽量缩短流通时间，妥善保管，降低风险。

15 电子商务如何改造传统农业？

(1) 电子商务可以减少信息不对称，降低农业交易成本

严重的信息不对称导致了农民常常面临着巨大的不确定性和经营风险。同时，信息不对称使得农业收入中的很大一部分被流通中介所取得，农民无法从农产品涨价中获得收益，造成了很多地方农民收入增长缓慢。电子商务成为了新的信息平台，借助这个平台，农民、乡镇企业、农业龙头企业、销售商、消费者在电子商务平台上会聚，交流信息，进行网上交易、网上签订供销合同；农民还可以在网上通过集体采购、招标等手段来降低生产成本。

(2) 电子商务改变了传统的乡村生活

电子商务改变了传统的乡村生活。这个“不可抗拒”的大趋势加快了村民的生活节奏。更重要的是，它将农民从土地和农业劳动中解放出来，并创造了新的工作岗位，如快递员、司机、网店设计师等。以往喜欢在城市工作的年轻人现在可以回家，给传统的农业地区带来新的活力。即使是大学毕业生或在城市里过得很好的人，也有不少回到农村经营网店的。

(3) 电子商务可以有效促进新知识、新技术的传播

促使经济增长的近因归结为“努力节约、知识积累和资本积累”。在传统农业社会中，知识的传播是缓慢的、封闭的、低效率的，知识的取得成本非常高。农村在一定程度上，成为了信息孤岛。缺乏知识成为农民增收的最大障碍，电子商务将改变中国农村知识的获得方式，快捷、海量以及几乎可以忽略不计的知识获得成本，使农民可以最大限度地降低生产成本和市场风险。

电子商务还在创造着一种新的社会组织形态，农民不再仅仅是信息的被动接受者，而成为了知识的创造者和消费者，电子商务带来了知识的迅速扩散，加速了中国向知识型农业社会的转型。

16 电子商务对农产品市场发展具有哪些积极作用？

亚马逊（www. amazon. com）的创始人杰夫·贝索斯曾经说过："性质改变的意义如此深远，以致都转化成数量上的变化了。"国内外的研究表明，农业电子商务的发展可以在促进信息流动、方便产业协调、提高市场透明度以及价格发现的基础上，真正实现即时的市场对接，产生切实的收入增长。

应用电子商务的企业能够产生成本效应，使得企业非常方便地将业务扩大到全球市场；直接处理企业与海外供应商和客户的业务能够降低交易成本并精简其业务流程。农村小企业是电子商务潜在的最大受益者之一，巧妙地利用互联网可以为农民、小企业创造机会，增强它们向世界展示的能力，通过建立查询当地企业和产品的联络点，建立全球业务，开发新的产品和服务。

（1）增加农产品生产经营者的利润

电子商务对农产品生产经营者来说，能够减少流通环节、降低交易费用和风险成本，同时提高农业信息化水平，增强农产品市场竞争力，突破时间和空间限制，增加交易机会。

减少流通环节，降低交易费用

首先，电子商务使农产品的买、卖双方越过层层中间环节（包括批发商和零售商）直接接触，实现信息交换和在线贸易。互联网取代了批发商和零售商等传统中介组织，成为农产品买、卖双方之间的新中介。因为网络的开放性，使得买家和卖家有可能来自于全国甚至全世界。农产品的购销信息一旦在互联网上公布出去，那么全世界任何一个地方的人只要上网就能看到。这个新中介具有独立性，不受买卖任何一方的控制，它处于生产者与购买者之间，减少中介环节，削弱了传统中介作为市场信息来源的作用，给生产者提供了寻找新的合作伙伴的机会和创造收入的新途径。农产品电子商务使得农民与消费者通过因特网直接进行交易，提高了市场效率，减少了中间交易成本。据统计，在传统商务模式下，商品从订货到售出过程中费用占企业成本的18％～20％，部分企业利用电子商务优化供应链后，将该费用比例降低到10％～12％。

其次，电子商务降低了农产品交易中信息搜寻、处理交易、营销广告、流通运销等各环节的费用。一是降低了信息搜寻费用。传统的农产品销售，生产者与购买者之间存在着大量的中介，买家要花费大量的时间、精力和金钱才能获取有关农产品生产和价格的信息。而农产品电子商务提供了一个聚集众多买家和农产品生产者的虚拟交易场合，能提供各种各样的相关信息，从而降低了信息查找费用。二是降低了处理交易的成本。农产品电子商务整个交易过程从开始订单、付款、发货都自动化操作和实施，比电话、传真等传统渠道效率更高、费用更低。此外，在产品质量认定与划分、质量等级和品种划分依据具备公认标准的前提下，不需要将农产品费力地运送到在线拍卖现场，而只需要公布交易产品的质量等级，买家就能够把握产品的优劣档次了，从而极大地降低交易成本。三是可以节省营销成本。使用因特网做广告，其成本要比传统广告媒体节省 90%。利用网络向全球发布本地农产品资源信息，宣传、推介本地丰富的优质农产品。同时将本地区的农产品推行标准化生产，创建网上农产品超市，不断扩大网上交易规模，逐步引入期货交易，发展“订单农业”。四是节约流通成本。我国 60%～70%甚至更高比重的农户要自己解决农产品的运销问题，在流通环节损失的利润每年就高达 200 亿元。通过电子商务平台，生产者能直接和消费者进行交流，迅速地了解市场信息自主进行交易，减少不必要的中间环节，生产者能直接、迅速、准确地了解市场需求，生产出适销、适量的农产品，避免因过剩而导致超额的运输、贮藏、加工及损耗成本等。与传统销售模式相比，电子商务能节约包括信息搜寻成本、摊位费、产品陈列费用、询价议价成本等在内的交易成本和因信息不通畅而带来的风险成本。据国际通行的算法，同传统商务相比，电子商务可节约直接成本 15%，节约间接成本 75%。

减少信息不对称，降低风险成本

农业的生产周期长及农产品易腐烂等特点决定了其与其他产业相比，具有很大的不确定性，不确定性增加了交易费用，也因此增加了交易双方履约的难度。根据威廉姆森的交易费用理论，在不确定性较高时，必须找到交易双方都能够信任的机制或方法，以寻求在不确定性发生时交易双方依然愿意通过协商寻找解决问题的途径。不确定性带来的农产品交易风险极大。因为生产周期长，按现在的市场信息生产出产品后，市场需求可能已经完全发生变化。由于农产品不易贮存，供给的价格弹性低，因此，增产不一定增收。

农产品电子商务具有整合优势、降低风险和不确定性的功能。农民可以通过发展“订单农业”，以合同保障农业产后的销售渠道，且随着物流条件的改善，可以在更大半径的农产品市场之内进行交易，特别是通过农协或农业合作社等信用与集团优势，集中购销，可以节省人力和运输成本，改进农产品流通的效率。还可以将农产品产前、产中、产后诸环节有机地结合到一起，解决农产品生产与市场信息不对称的问题，可以帮助领导科学决策，合理安排生产，有效避免盲目发展所带来的风险。在农产品交易过程中，农民极度缺乏市场信息，增加了农民在农产品交易过程中的风险和不确定性。农产品电子商务给农民多了一个获取信息的平台和渠道，借助它能实现农产品信息的沟通与知识的共享，完成市场信息的收集与交换，减少不对称信息的比重，它的应用可以帮助农民科学地决策、指导生产，尽量减少不必要的经济损失。电子商务能使农产品生产者直接、迅速、准确地了解市场需求，生产出适销、适量的农产品，避免因过剩而导致超额的运输、贮藏、加工及损耗成本等。以电子商务中介代替传统中介能节约包括信息搜寻成本、摊位费、产品陈列费用、询价议价成本等在内的交易成本和因信息不通畅而带来的风险成本。

提高农产品商务信息化水平，增强农产品市场竞争力

无论是国际市场竞争还是国内市场竞争，农产品竞争力的核心都是信息化的发展水平。只有拥有先进的网络信息技术和手段，才有可能在激烈的市场竞争中取胜。经济全球

化使各国市场连成一个整体，目前社会网络已经成为信息传递的重要工具，而获得农产品生产、交换主动权的关键之一就是对最新、全面、及时、重要信息的掌握，这正是农产品商务信息化发展的动力和需求。因而农产品电子商务的发展必然提高对农产品商务信息化的要求，从而推动农产品生产、交易信息化水平的提高。

电子商务的广泛应用能使农民按照市场需求选择生产，并适时销售农产品，从而提高市场竞争力。相对于工业而言，农产品对信息的掌握需求更为迫切，每年因信息问题造成的农业损失难以计数，农民在生产什么、生产多少的决策方面具有很大的盲目性和滞后性，从而使农产品生产交易风险极大。另外，在市场经济条件下，农产品生产产前、产中、产后各环节的有效衔接，以及农产品生产、分配与消费的各环节，均以市场经济规律来指导和调节，这就必须有充分、准确、及时、可靠的信息作保证。因此发展电子商务，农民更容易掌握市场对农产品种类及数量等需求，发展订单农业，逐步提高市场竞争力。

突破时间和空间限制，增加交易机会

农产品电子商务有助于克服农产品生产分散性、区域性、季节性的特征。农村地区由于基础设施条件差，交通、通信不够发达，难以得到及时、准确、可靠的市场需求信息，加之以家庭为单位的小规模生产使农产品生产者之间基本上不存在信息交流，农户以经验来进行生产，从而使大量的农副产品流通不畅，经常发生“卖难”的现象。农产品电子商务跨越了时间和地域的界限，可以在更广阔的时间和空间范围内调节生产与市场的矛盾，通过供、需双方的及时沟通，使农产品生产者能够及时掌握市场信息，根据市场需求合理组织生产，从而使农产品适销对路，避免农产品结构性的“卖难”问题。

首先，可以使广阔而分散且小作坊式生产的农民，在集中的平台上共享对称信息所带来的集成优势。如利用互联网低成本搜寻、了解并购买投入品，并可以从生产厂家那儿直接购买；可以帮助农民更有效地推销他们的产品；可以帮助大宗农产品诸如谷物的生产者更好地进行供需匹配，避免价格波动；通过改进信息流，建立质量担保体系，更好地追踪市场，使供应链更加优化。农民有更多的机会将产品销售到更远的地方，同时农产品电子商务可以将地理范围分散的、少量的、单独的农产品交易组织化、规模化。此外，由于电子商务可以提供24小时的全天候营业时间，因而能让农民找到更多的新市场，吸引更多客户。

其次，可以提前发布不同季节农产品的种类、价格、生产方面的信息，打破产品销售的季节性，实现订单生产，获得丰厚的销售收入。由于农产品的生产和销售具有明显的季节性，当主要产区的农产品供过于求，出现地区性的产品过剩时，应该突破时间和空间的局限进行销售，否则丰收的农产品就会大量囤积，当地的生产者为争夺有限的市场和顾客必然产生激烈的竞争，竞相压价，以致两败俱伤。这就是“丰产不丰收”的道理。而在互联网上，生产者能够逾越生产季、主产区的限制，将农产品生产出来，并将其送达市场需求旺盛的地方，实现农产品的适销对路，从而获得更多收入。

再次，通过互联网，不仅可以把产品卖给国内需求者，还可以卖到海外，赚取外汇。且互联网技术只需要有限的基础设施投资就能使无论处于什么地理位置的生产链上的个体参与方获得机会、得到实惠。通过网上交易可以减少市场接入的诸如时空地理障碍，拥有改进市场接入的潜力。

(2) 提升农产品消费者采购效率

对于农产品消费者来说，电子商务能够帮助他们改变信息获取方式和购物方式，节约购买时间，降低购买成本。

改变消费者的信息获取方式

在传统的商务模式下，当消费者对某种农产品产生需求后，对于产品的信息，只能通过个人来源、商业性来源、公众来源或经验来源获取。个人来源，即从家庭、朋友、邻居和其他熟人处得到信息，而其他人未必有对这种商品的购买经验，这种渠道获得的信息相当有限。商业性来源，即从广告、售货员介绍、产品展览与陈列、产品包装、产品说明书等得到信息，从这种渠道获得信息，消费者不仅要在商店耗费大量的时间，还很难了解真实的信息，毕竟有“自卖自夸”之嫌。公众来源，即从报刊电视等大众宣传媒介的客观报道和消费者团体的评论得到信息，这种信息相对而言比较真实，但这种信息存在供求不对称问题，当消费者对某种商品有需求时，很难马上通过公众来源获得相关的商品信息。

改变消费者的购物方式

电子商务的推广，已经使家庭购物成为现实。只要消费者打开电脑，敲一敲键盘，就能进入网上农产品商店，查看成千上万的产品目录，从中挑选自己想要的产品，然后查看产品相关信息。随着多媒体技术的应用，还可以在计算机屏幕上看到产品的照片甚至三维图形。对于选定的产品，消费者只需调出订单进行填写，然后把自己的信用卡号码加进去，用于付款。订单确认后发出，商家几乎立即可以收到订单，随即就会送出或寄出顾客购买的商品。

支付方式也将产生很大的转变。上网消费者只需要拥有一个网络账号，就可以在任何地点、一天 24 小时不间断地得到银行业务服务，包括储蓄、转账、查账、信用卡、证券、交易、保险和财务管理等业务。

电子商务极大地提高了农产品消费者信息搜集的效率，降低了信息搜集的成本，扩大了信息搜集的半径。搜索引擎为消费者进行信息搜集提供了便利，节省了信息搜集的时间和成本。消费者只要在搜索网站上输入欲购买的产品名称，就能获得相应信息。网上不同类型的虚拟社区的存在，使消费者不仅可以从身边获得信息，还可以向素不相识的人了解信息。各种网站也为农产品消费者获取信息提供了便利。在各种农业门户网站上，消费者很容易了解某类农产品的市场行情。

降低消费者的购买成本

在传统的农产品零售商务情况下，消费者购买农产品往往是先搜集产品信息，然后选购产品，最后将产品自行运送回家。其购买成本不仅包括农产品价格，而且包括运输费（包括自己去商店、商场和回家的车旅费等）和交易的时间、精力成本。在电子商务环境下，消费者购买农产品的成本包括货物送到手中的商品费用、上网设备使用费及时间、精力等。相对于传统农产品零售业务，电子商务大大降低了消费者的交易成本，消费者不必再为购买商品而在市场之间奔走，不必再为与业务员讨价还价而筋疲力尽。电子商务使农产品消费者进行产品价格比较几乎在“弹指之间”就能完成，同时也大大提高了商品价格的透明度。网上直销方式的兴起，极大节约了中间渠道的成本，农产品价格也变得更低了。

(3) 有利于农产品结构调整

对于一个国家的农业来说，电子商务有利于农业结构调整和优化升级，有利于改变传统的农产品贸易方式，有利于从事农产品生产的中小企业与国际市场接轨。

有利于农业结构调整和优化升级

在信息化环境下，信息技术全方位地渗入农产品生产和经营的管理过程中，加速了中国的农业产业化进程，提高农业产业化的总体质量，可高质高效地改造传统农业，加速其更新换代和优化升级过程，从而加速传统农业的结构调整和优化升级。电子商务在农产品生产、贸易中的应用和发展，可以促进农业产业化过程中自动化、信息化和高效化的实现，大幅提高农业的信息化水平和经济效益，使传统高消耗、低效益的农业生产结构向新兴低消耗、高效益的生产结构方式转变。粗放型的农业生产模式将会被集约型、技术知识密集型的生产模式所替代，传统的农业生产方式将得到改造，农业生产成本得以下降，农业生产效率将大幅提高。农副产品加工业、乡镇企业等将得到进一步发展，农村服务业结构得以更新和改善，从事农村工业和农村信息技术、智力劳动及信息服务的人越来越多，农村劳动力的就业结构由此发生变化。

互联网的发展为农产品及生产资料开辟了更广泛的市场空间。农民有更多的机会将产品销售到更远的地方，同时也将地理范围分散的、少量的、单独的农产品交易规模化、组织化。电子商务可以提供24小时的全天候营业时间，让农民找到更多的新市场，吸引更多客户。另外，交互式的销售方式，使农民能够及时得到市场反馈，改进本身的工作，提供个性化服务，建立稳定的顾客群。

在线交易也使得资源得到更有效的配置。从整个产业链向下直到农企层次，农产品提供商可以追踪销售实时动态，以大大减少库存。过多的库存可以通过网上拍卖得以迅速清空，从而不再占用库存资金。

有利于改变传统的农产品贸易方式

农产品电子商务是建设社会主义新农村、开拓市场和参与全球竞争的必要手段。传统的“一手交钱，一手交货”的贸易模式将被打破。农民通过农产品电子商务能够十分便捷、快速地完成信贷、担保、交易、支付、结汇等环节。农民可以更贴近市场，提高生产的敏捷性和适应性，迅速了解到消费者的偏好、购买习惯及要求，同时可以及时反映消费者的需求，从而促进供需双方的研究与开发活动。小生产与大市场的矛盾是目前制约中国农业发展的一大障碍，农产品电子商务跨越地域和时空的界限，在更大范围内调节生产与市场的矛盾。

有利于中小企业与国际市场接轨

加入世界贸易组织后，农产品市场遇到前所未有的机遇和挑战，全球化的市场正逐渐形成。农产品市场正面临越来越沉重的国内外同行竞争的压力。因此，农民对农产品信息的了解、交流提出了更高的要求。在传统的经济理论中，农产品市场的买卖双方是在完全信息条件下进行交易的，即价格是由供求双方的总体水平共同决定的。但在现实的市场经济条件下，农民对现实中的农产品信息难以完全了解，使得现实经济生活中的信息不对称成为主导。农民极度缺乏市场信息，增加了农民在农产品交易过程中的风险和不确定性。由于交通、通信等因素的原因，农民难以及时、准确、可靠地得到市场信息，导致大量农产品流通不畅，影响了农业发展。而农产品电子商务给农民多提供了一个获取信息的平台和渠道，借助它能实现农产品的信息沟通与知识共享，完成市场信息的收集与交换，减少不对称信息的比重。农产品电子商务的应用可以帮助农民科学地决策、指导生产，尽量减少不必要的经济损失。

（4）带动农产品生产相关产业的积极发展

电子商务的运用能够惠及农产品生产相关产业，涉农综合服务水平能够得到提高。如农民农业技术水平可以得到提高、就业可以得到增加、农村交通物流可以得到进一步改善等。

产生外部正效应

如果某一区域或合作组织的农户或团体搜寻、分析和发布市场信息，信息外溢会使该区域或组织外的农户或团体获得信息而从中受益，但是它们不用向搜寻、发布信息的主体缴纳费用，这就是正外部性。网络的正外部性的特征，使得电子商务的运用能产生乘数级的经济增长。农民只要有可能接触到网络，就能共享网上有关农产品的产业政策、市场价格、需求状况以及气象气候等信息，解决信息不对称带来的产品卖不出去、需要的农资和农用品不知如何购买等问题。因此，农民可以通过农产品网站，学习新的农业技术，了解国家政策，调整种养结构，交易农产品等。

辐射及带动相关产业

正如阿里巴巴专注于中小企业的发展一样，农产品电子商务能为从农业生产资料到种植、养殖，再到农产品加工和农业大流通、涉农综合服务这一动态全过程提供服务，这根链条上汇聚了全国 5 万农业产业化龙头企业，17 万农村合作及中介组织，95 万经营大户，240 万农民经纪人。另外，农产品电子商务的发展，使农产品信息中介及乡村信息员增加，增加了农村的就业岗位。

电子商务还可以促进交通和物流的发展。随着农业信息化的发展和农产品电子商务的运用，农村交通和农产品物流得以快速发展。信息化给农民带来广阔的市场空间，而农产品的季节性对保鲜性、标准化要求较高，农产品物流体系的建设必然要适应这种发展和变化。农产品物流体系是农产品电子商务发展的一个瓶颈问题，农产品电子商务也会促进与农产品物流相关的交通及基础设施的建设。

17 农业如何抓住营销新机遇？

2013 年，是电子商务高速发展的一年。调查统计，我国电子商务市场已名列全球第二。预计 2015 年，我国电子商务市场规模有望超过美国成为世界第一。电子商务已在深刻改变着各行各业。作为立国之本的农业正悄然发生着变化，农产品电子商务成为营销新模式。

电子商务的发展，给农业、农产品流通等带来诸多变革：网络信息共享缓解了信息的不对称；电子商务的两端直接联系着产地和销地，减少了流通环节，降低了流通成本；在资金上，在线支付功能也有助于农户实现资金的快速回收和周转。

电子商务的介入，引领着农业向专业化、市场化、标准化、品牌化迅速转变，很多农业企业领导者也在思考：随着农业企业的不断壮大，如何把握营销新机遇才能使农业焕发出新的生机？

(1) 农业+电子商务：科技融合推动产业变革

电子商务渠道推动着农业产业链的发展。很多人会觉得农业、农产品比较土，缺乏时尚感，不够高大上。电子商务却神奇地将农业与高科技紧密结合，让农产品变得时尚，让农业企业变得更有魅力，这也是企业价值的体现。

枸杞也时尚

宁夏百瑞源公司，就是一个土特产实现华丽转身，完美逆袭的典型。15 天枸杞销量10 000盒，造成了断货，更创造了奇迹。经常服用枸杞的人都知道，1 千克枸杞的零售价在 40 元左右。通过电子商务渠道，1 千克从 40 元卖到了 400 元，又从 400 元卖到了 2000 元。枸杞还是那粒枸杞，但电子商务让它变得更时尚，更有价值，也更有魅力了，让它从宁夏走向了全中国。

电子商务的发展，让农业与科技有了更多融合，它推动了农业产业链的发展和变革。在电子商务发展时代，能洞察消费者需求、注重大众的口碑，站在产品及品质的立场上去打动消费者，这样的产品想不火都很难。

(2) 有效融合线上线下，打造未来农业新模式

“褚橙”神话

盘点 2013 年的农业领域，“褚橙”“O2O” 成为了热点关键词。几个橙子引发电子商务新革命，上市 24 小时售出 1 500 箱；4 天卖出 3 000 多箱；5 天卖出 20 吨。不到 40 天仅电子商务就售出 200 吨。这就是“褚橙”创造的神话。

褚橙被引爆的核心点是褚时健这种历经磨难和创业的精神，它激发了人们的共鸣。由此看来，农产品具有独特的电子商务形态，有着极强的可复制性和延展性，同时具

有很强的地域性，结合不同地区的自然环境以及生产方式，产品具有差异化，这也是农产品的魅力所在。

褚橙的故事恰恰表明，农业是最适合 O2O 大电子商务模式的行业，将线下商务机会与互联网有机结合，线上建立新的流通体系，打造“农产品在线交易平台＋实体店”模式。线下则通过实体店提供购买和流通交易对接，这也是农业实行 O2O 模式的创新和特色，将为实现全渠道 O2O 模式的农产品流通提供典型范例。

枸杞玩转线上和线下

O2O 也引来诸多农业企业纷纷试水，宁夏百瑞源不再只限于销售，更是建起了中国枸杞博物馆，跨界玩转了“旅游＋营销”模式，更进一步打通了线上和线下的边界，初步尝到了在线上“再造一个百瑞源”的甜头。现在，去枸杞博物馆参观的游客，只要扫描二维码就能得到奖励，企业也因此锁定了每位客户的信息，每年约有 30 万游客的资料被补充到数据库，转化为在网上也能沟通、体验和销售的忠诚顾客。

O2O 模式对于农产品营销来讲提供了很好的解决思路，农业企业只要强化产品在线平台服务和交易功能，构建完善实体店，保持线上线下的融合连通，就必将迎来全新的发展机遇。

顺丰“嘿客”便利店

2014 年上半年，线上刮起的“全国找‘嘿客’”风潮终于揭开它神秘的面纱，其幕后统领者并非阿里巴巴、百度、360 等互联网大佬，而是顺丰。

有着与普通便利店类似的门面，店里却没有一件实体商品，除了几台供购物下单的触屏机，到处都是供手机扫码下单的“纸牌”，没有仓储压力，省掉了收银员、理货员，还节约了展示空间，门店的运营成本只是普通便利店的零头。这正是顺丰速运在全国范围内启动的一种特殊的 O2O（线上到线下）——“嘿客”便利店。“嘿客”主要通过海报、平板电脑等方式展示商品，顾客通过二维码扫描、门店平板电脑等方式购买商品，再坐等顺丰快递免费送货上门。跟一般便利店不同，“嘿客”店里看不到传统的货架，取而代之的是贴在墙上、玻璃上的商品照片，还分为服务区、填单区、试衣试鞋区等。

“嘿客”店内的海报、二维码墙放置虚拟商品，通过手机扫码、店内下单购买的模式与英国最大的 O2O 电商 Argos 十分相似。但“嘿客”除试穿试用的样品外，店内不设库存，甩掉了困扰零售行业多年的库存包袱。

区别于普通电商，“嘿客”兼备了线上、线下的功能，门店提供从车（机）票购取、电话充值、水电缴费到现场网购各类商品、收发信件物品等社区服务。

18 农村能否成为电子商务的下一站淘金地？

互联网有着天然的颠覆者属性，随着农村网络普及率的提高，越来越多的农村精英开始探索网上的美妙世界，追寻云端的快感。中国三大互联网集团也相继把触角伸向农村，马化腾为每位想谈恋爱的青年男女都预留了一个QQ靓号；李彦宏的百度成为农村妇女搜索“如何怀孕”的主要渠道；阿里巴巴也开始了农村电子商务艰辛的探索之路。

全国各地的农村正涌现大量的淘宝村，截止到2013年年底，全国已经发现各类淘宝村20个，总店铺数达到15 000家，同时捧红了一些农村淘宝明星。如阿里巴巴授予广东军埔村“中国淘宝村”的称号，随后引发了一系列连锁反应，军埔村所属的揭阳市政府不仅喊出了“建设电子商务第一村”的口号，还非常实在地提出了各项扶持政策。浙江省临安市昌化镇白牛村550户村民开设50个网店卖坚果炒货，让当地花生、葵花籽、杏仁等产品，从小本生意升级为稳固的产业链……淘宝村正成为全社会不可忽视的力量。

中国每一次的互联网创业浪潮，都伴随着大规模的烧钱、圈地和无底线的竞争。或许是见证了太多速度打败模式的案例，互联网行业的老兵一旦拿到融资就会选择奔跑，创业环境中弥漫着中国式的急功近利，以及对固有模式的疯狂拷贝。从视频业到团购网，再到打车软件，莫不如此。无序竞争把中国电子商务迅速丢进红海，而一些热钱的进入，让一些小老板开始寻找新的蓝海。农村，正成为电子商务新的淘金地。

其实，农村与电子商务有着典型的“各取所需”的合作关系，农村巨大的人口比例和消费潜力，成为各大平台垂涎的肥肉。反观农村，从生活方式到购物理念，再到科技文化的消费，以及农产品的销售等，都需要成熟的商业模式来引导，从而进入正轨。电子商务带来的大数据技术，能有效地减少农民生产的盲目性，用专业的数据分析取代靠天吃饭，从而消除农业市场的信息不对称现象，不仅让偷菜上网，让种菜也更加高科技。电子商务成熟的商业模式也可以让农民增收：通过网络信息发布、订单处理、合理分配资源等流程，最大限度地缩短中间环节，从而降低成本，真正实现“谁劳动，谁赚钱”的健康社会秩序；此外，电子商务的介入，会打破农村区域性的限制，通过网上有效组织，形成规模化的产业，中国的葵花籽就能卖给马来西亚的市民了。

虽然农村和电子商务有着互补性的合作关系，但电子商务要真正融入农村生活，却不是简单的几个店铺能搞定的。大佬们要提供的不仅是有形的硬件设施，更要提供无形的生活、文化、教育理念。显然，仅依靠电子商务难以完成这些社会工作，更需要政策的扶持。

19 电子商务时代品牌农产品如何借势?

电子商务时代，农产品迎来了前所未有的发展机遇。电子商务正在改变商业生态，吉林查干湖的胖头鱼、福建莆田的桂圆干、北美阿拉斯加的帝王蟹都在通过网络走进你我身边。网络营销成本低，但是品牌宣传覆盖面广、力度大，优质农产品完全可以抓住这个机遇实现跨越式发展，走出区域限制，拿下全国市场。

(1) 电子商务时代为农产品品牌营销提供新机遇

新的电子商务时代的到来，能为传统农产品品牌营销提供一个跨越式发展平台。由于电子商务改变了人们的消费结构，为农产品销售打破时间和空间上的制约，成为品牌农产品的“秀场”和“卖场”。某电子商务平台，仅通过一天网络团购，上海第一食品厂就收到了10 461人的猪肉红肠订单申请、2 463人的秘制熏鱼以及1 362份上海酱鸭；800 千克的福建特产莆田桂圆干更在一小时之内卖光。

根据阿里巴巴研究中心《农产品电子商务白皮书（2012）》提供的数据显示，2012 年在阿里巴巴平台上，从事农产品交易的网店已达 26 万家，涉及农产品的商品数量超过了1 000万种。其中，新鲜水果、新鲜蔬菜、海鲜水产、南北干货等重点类目的当年销售增幅超过 300%。中心预计，2014 年农产品销售有望迈上1 000亿元台阶，相当于 2008 年淘宝全网交易额。

网络销售不但为解决农产品“买贵”“卖难”问题提供新思路，更为农产品提供了更灵活、更有效的品牌营销模式。

(2) 借助网络还需自身素质过硬

品牌农产品通过电子商务能够实现跨越式大发展。由于农产品企业在以较小成本加入电子商务平台后，一方面可以通过网络享受到专业化的信息服务和增值服务，帮助其拓展市场，更好地促进农产品的销售。另一方面，电子商务能够准确实现农产品生产与市场需求的对接，加快产品结构调整，帮助农产品企业抵御供需矛盾带来的市场风险。

浙江省丽水市的遂昌县是中国农村电子商务的先行者。通过电子商务实现了小农田与大市场的对接，让农民尝到了网上销售的甜头。不过，电子商务平台想要进一步发展，电子商务方面的人才还需要进一步增加，农业产业化的道路还需要进一步深入。成立“电子商务联盟”，借助联盟平台，为物流谈判和人才教育、硬件设施共享带来帮助。

网络销售能够为农产品品牌营销提供新思路，但打造品牌的关键，还是在于企业自身是否过硬。无论是通过网络还是实体，一个成功的农产品品牌想要做好，就需要为自己的产品制定一个目标长远的品牌营销战略，找到独到的市场特色，找准市场稀缺点，制定企业产品研发方向，从而赢得市场。

烟台苹果开启电子商务运营模式

苹果是山东省烟台市的农业支柱产业，而烟台苹果品牌的发展则是重中之重，2013年烟台市继续以烟台苹果品牌宣传推介为重点，探讨烟台苹果电子商务平台运营模式，发挥新媒体的优势，做好烟台苹果官方微博系统工作，在新浪和腾讯两大微博运营平台开通烟台苹果官方微博。

20 电子商务如何进军农村？

电子商务进军农村，首先要做的就是革新当地的消费理念，引导农民正确地使用手中的闲钱。要告诉他们，钱能存到信用社，还能存到余额宝，更重要的是要让其对外面的生活产生兴趣，从而完成引导性消费。这需要一个漫长的过程：最基本的手段，是提供琳琅满目的商品，同时价格要比村里的集市还便宜，而且要免费送货；其次是重点布局农村缺少的服务，如农村移动营业厅不多，每次交话费还要骑几十分钟自行车到附近的镇上，所以流动性话费服务会大受欢迎；最后才是升华性地引导消费，让一些稍微奢侈点的产品刺激农村的消费潜力，把城市的生活理念带回农村，让正确的购物、文化、体育理念来矫正农村土豪们的略带畸形的生活。此外，政府配合要做的就是“扶智”，提高农民使用信息的能力，加强本地实用型信息技术开发人才的培养，让村民学会自己思考和创新。

农村电子商务的导入，是一项系统性的工程，关乎制度、文化、经济和人性，路漫漫其修远兮！机会只留给那些有长期策略的企业，想发横财趁机捞一笔的，悬！农村电子商务第一要义是颠覆农村的生活习惯，第二件要做的事情，就是把农村的产品推向全世界，让白菜烂到地里的悲剧，不在《新闻联播》里重现。遗憾的是，农产品电子商务还没有摸准行业的脉搏，亏损几乎成为相关企业年度报告中必备的词汇。据相关报道，中国目前涉及农产品的电子商务企业已达到30 000家，但运营全部处于亏损状态。菜管家开店4年，总投资3 500万元，至今一分钱没挣；武汉家事易倒是发展挺快，短短两年时间就覆盖了1 200多个市区，累计投入6 000万元，每日的成交量尚可，但就是不盈利。亏损背后，引来了农产品电子商务对于B2C传统思维、目标人群、采购平台和客户体验的反思。

农村电子商务要真正实现互联网互通，首先要做的硬件建设其实是物流体系，而针对农产品的特殊性，冷链物流的要求会更高。事实上，物流是整个农村电子商务的真正的硬脊梁，冷链是永远无法回避的问题，是电子商务大面积涌向农村的最后一道障碍。冷链，不仅要有库房，需要专用的“冷藏+冷冻”的混合车辆，还要保证周转过程中的恒温设备等，这种物流链的投资，数额巨大且回报周期太长，不符合中国互联网赚快钱的大思路。此外，天气因素对农产品电子商务的影响更大，持续恶劣的天气，不单会让物流车辆陷入村中的泥潭路，更重要的损失则来自于对产品交期的影响，正是这些困难因素，让电子商务大佬们心有余悸。好在一些龙头企业已经开始了冷链物流的探索：顺风优选（www. sfbest. com）实现了全国常温送货，2014 年继续降温，曾在 24 小时内把南方的荔枝送到北京、呼伦贝尔的羊肉送到海南岛；马云的“菜鸟网络”，采取整合模式，成功从美国运回80 000单车厘子；至于京东（www. jd. com）干脆直接跑到田间，而后通过采购、仓储、配送、加工、营销、售后等环节，直接将产品送至老百姓的餐桌上，人称“末端配送服务站”。

21 农产品能不能做电子商务？

这是 2013 年互联网大会分论坛“传统产业如何转型电子商务”上最受关注的话题之一，对于这一问题，现场的诸多专家出谋划策，给出了自己的答案，那就是“农产品做电子商务肯定行，产品特色是关键所在。”

(1) 农产品做电子商务物流是软肋

目前，我国农产品电子商务在网上实现商流活动之后，没有一个有效的社会物流配送系统对实物的转移提供低成本的、适时的、适量的转移服务，主是问题是配送的成本过高、速度过慢等。据相关调查，农产品电子商务真正拥有物流配送体系的很少，像中国大米网（www. chinadami. com）、北大荒农产品电子商务交易平台等大型公司也是与其他物流公司合作进行物流配送或刚刚组建自己的物流系统，还没有形成完善的农产品物流配送体系。由此可见，发展农产品电子商务物流体系的建设尚待推动。

(2) 让农民上网促进农产品产业升级

在信息化环境下，信息技术全方位地渗入农产品生产和经营的管理过程中，加速了中国农业产业化进程，提高农业产业化的总体质量，可高质高效地改造传统农业，加速其更新换代和优化升级过程，从而加速传统农业的结构调整和优化升级。农民上网可以促进农业产业化过程中自动化、信息化和高效化的实现，大幅度提高农业的信息化水平和经济效益，使传统高消耗、低效益的农业生产结构向新型低消耗、高效益的生产结构方式转变。粗放型的农业生产模式将会被集约型、技术知识密集型的生产模式所取代，传统的农业生产方式将得到改造，农业生产成本会得以下降，农业生产效率将大幅度提高。

农产品与电子商务的结合，应该采取分三步走的策略：

第一步是先让产品上网，第二步是让农民上网，第三步是形成产业。

22 在农村发展电子商务，必须具备哪些条件？

农村电子商务和资本市场上的电子商务有着不同的基因，在农村发展电子商务需要具备以下三个“必须”：

(1) 发展农村电子商务，必须借助县级以上政府的公信力

如果没有当地政府强有力的组织和支持，绝不会顺利成功，这种支持不仅仅是“叫卖”，更重要的是为农产品质量做初级的信用背书，为第三方企业提供公司注册、税收、资金等实际性的支持。我国多数耕地小而分散，对资源性的整合尤其需要借助政府的力量，“三农”关系到老百姓的切身利益，政府站出来推销家乡农产品不仅合理而且亲民。

(2) 农产品要卖得更高更远，必须实现专业的品牌化

在农村发展电子商务的根本是帮助农民增收，增收的关键是：第一，减少农产品的滞销，获得更多销量；第二，让农产品卖出更高的价格，获得单量溢价。农产品进行品牌化运作便为农产品实现溢价增收开创了先决条件。

联想打造高端水果品牌

联想集团战略投资高端水果品牌“佳沃”便是恰逢其时的正确选择，柳传志坦言：“联想做农业并不着急赚钱。”因为打造品牌是一个长期战略，更大的价值在未来市场，但现在需要先走出第一步。

(3) 农产品品质体现，必须借助地域特色找出差异化

农产品市场的劣币驱逐良币现象严重，我们耳熟能详的多半是“地域品牌”，而非产品品牌，地域品牌的最大问题是产品良莠不齐，就像今天你很难辨识谁是正宗的阳澄湖大闸蟹，消费者便对市场失去了正确判断，这对行业是毁灭性的打击。

每个地域都有其唯一性，经纬度、温湿度、光照时长、土壤结构等不同，会生长出不同的具有明显地域特色的农产品，我们需要在此基础上挖掘产品的特色卖点，进行专业化的品牌化包装。

“三千禾”原产地直销模式

吉林省通榆县便依托独一无二的地理位置，打造出了“三千禾”土特产品牌，在淘宝上开通“三千禾”旗舰店，这是一条突围之路。通过采用“原产地直销”的方式，打造“电子商务黑土地”。农产品不同于工业化产品，有着天然的生长周期，这一特性为购买者预留了巨大的想象空间。如果你对这块黑土地的杂粮杂豆有了巨大的信任和喜好，完全可以预约明年全年的口粮，今后那块黑土地就是你的了。随着物流配套设施的不断完善，冷链物流的不断发展，这种预期将会逐步变成现实。

23 农产品电子商务的内涵和外延是什么？

农产品电子商务的实质是将农产品作为电子商务交易的对象，但是并非所有农产品都适宜进行电子商务交易，因此需要首先研究农产品电子商务的定义与交易范围。

（1）农产品电子商务的内涵

农产品电子商务是指以农产品生产为中心而发生的一系列电子化交易活动，包括农业生产管理、农产品网络营销、电子支付、物流管理以及客户关系管理等。农产品电子商务以信息技术和全球化网络系统为支撑，将现代商务手段引入农产品生产经营中，保证农产品信息收集与处理的有效畅通，通过农产品物流、电子商务系统的动态策略联盟，建立起适合网络经济的高效能农产品营销体系，实现农产品产供销的全方位管理。

（2）农产品电子商务交易范围的界定

世界贸易组织（WTO）的产品分类将农产品界定为“包括活动物与动物制品、植物产品、油脂及分解产品、食品饮料”。根据《中华人民共和国农产品质量安全法》第二条的规定，农产品是指来源于农业的初级产品，即在农业活动中获得的植物、动物、微生物及其产品。本教材所指农产品主要是可供食用的各种植物、畜牧、渔业产品及其初级加工产品，包括粮食、园艺植物、茶叶、油料植物、药用植物、糖料植物、瓜果蔬菜等植物类农产品；肉类产品、蛋类产品、奶制品、蜂类产品等畜牧类农产品；水生动物、水生植物、水产综合利用初加工产品等渔业类农产品。

24 农产品电子商务具有什么样的交易特征？

农产品电子商务的交易除了具备虚拟化、低成本、高效率、透明化等特点外，还具有一些局限性，如交易受制于产品标准化、物流配送能力、关键技术水平、运营规模、文化与法律障碍等因素。

（1）虚拟化

通过互联网进行的贸易，贸易双方从贸易磋商、签订合同到支付等一系列过程，无须当面进行，均通过互联网完成，整个交易完全虚拟化。对卖方来说，可以到网络管理机构申请域名，制作自己的主页，组织农产品信息上网。而虚拟现实、网上聊天等新技术的发展使买方能够根据自己的需求选择所要购买的农产品，并将信息反馈给卖方。通过信息的推拉互动，签订电子合同，完成交易并进行电子支付。整个交易都在网络这个虚拟的环境中进行。

(2) 低成本

电子商务使得农产品买卖双方的交易成本大大降低，具体表现在以下几方面：

①买、卖双方通过网络进行农产品商务活动，无须中介参与，减少了交易的有关环节。

②交易中的各环节发生变化。网络上进行信息传递，相对于原始的信件、电话、传真而言成本被降低；卖方可通过互联网络进行产品介绍、宣传，大大节省了传统方式下做广告、发印刷品等宣传费用；互联网使买卖双方即时沟通供需信息，使农产品无库存生产和无库存销售成为可能，库存成本降到极低，甚至实现零库存。

③企业利用内部网（Intranet）实现“无纸办公（OA）”，90％的文件处理费用被削减，提高了内部信息传递的效率，节省时间，并降低管理成本。通过互联网把公司总部、代理商以及分布在其他地区的子公司、分公司联系在一起，及时对各地市场情况做出反应，即时生产，即时销售，降低存货费用，采用快捷的配送公司提供交货服务，从而降低产品成本。

(3) 高效率

由于互联网络将贸易中的商业报文标准化，使商业报文能在世界各地瞬间完成传递与计算机自动处理，原料采购，产品生产、需求与销售，银行汇兑、保险，货物托运及申报等过程无须人员干预，而在最短的时间内完成。传统贸易方式中，用信件、电话和传真传递信息必须有人的参与，且每个环节都要花不少时间。有时由于人员合作和工作时间的问题，会延误传输时间，失去最佳商机。电子商务克服了传统贸易方式费用高、易出错、处理速度慢等缺点，极大地缩短了交易时间，使整个交易非常快捷与方便。

(4) 透明化

买卖双方从交易的洽谈、签约到货款的支付、交货通知等整个交易过程都在网络上进行。通畅、快捷的信息传输可以保证各种信息之间互相核对，防止伪造信息的流通。如在典型的许可证 EDI 系统中，由于加强了发证单位和验证单位的通信、核对，假的许可证就不易漏网。海关 EDI 也能帮助杜绝边境的假出口、兜圈子、骗退税等行径。

25 农产品电子商务具有哪些局限性？

(1) 交易成败很大程度上受制于产品标准化和物流配送能力

对农产品进行标准化质量分级是农产品进行电子商务交易的基本前提。现实的市场销售或采购，卖方和买方都能对产品的质量、特性有直接的认识和把握，并据此进行交易。而在网上销售的过程中，买方只有在交易达成并在产品到达之后才能亲眼见到产品。这就需要买卖双方或双方承认的第三方来对农产品进行标准化鉴定，并对成品进行质量分级。

发达的农产品物流配送能够使农产品的生产、运输和深加工过程变得更加方便、快捷。通过统一的组织和协调，众多分散的小农户形成了一个销售团体，从而在农产品交易过程中节约了信息成本、合同谈判成本。通过这样的整合可以实现精确生产和订单生产，降低农户的种植风险，同时可以提高农产品在市场上的竞争力。

(2) 受到关键技术水平、运营规模、文化与法律条款的影响

水果和蔬菜之类的农产品不易在网上销售，因为客户总是希望亲自挑选新鲜商品。对于很多商品和服务来说，实现电子商务的前提是大量的潜在顾客有互联网设备并愿意通过互联网购物。但对于农产品销售来说，拥有强烈的网上购买意愿常常比较困难。如美国网上超市 Peapod 公司虽然经过 10 年的苦心经营，目前也只能覆盖到 13 个城市。网上超市除了销售区域受到限制外，销售品种也主要集中在包装商品或品牌商品。

农产品电子商务的开展往往需要在人口稠密的大城市，吸引到足够的客户群，拥有足够的销售规模。

客户资源对网上店铺的影响

Peapod 公司是第一批网上超市，但经营仍然遇到了问题，不得不在 2000 年中期转入传统经营，后来被一家欧洲企业收购，投入资金支持它继续在网上开展经营。Peapod 公司的两个主要竞争对手 WebVan 公司和 HomeGrocer 公司也都因无法吸引足够的顾客而倒闭。

世界上 3 家最成功的网上零售店是多伦多的 Grocery Gateway 公司、布宜诺斯艾利斯的 Disco Virtual 公司和伦敦的 Tesco 公司。Grocery Gateway 公司和 Disco Virtual公司都是在人口稠密的大城市经营，能够吸引足够的顾客，从而使送货上门有利可图。Tesco 公司在伦敦开始网上销售，同样是人口稠密的大城市。现在，Tesco 公司已经将网上销售业务拓展到 Tesco 超市周边的郊区。

想在互联网上开展业务的企业面临的另一个困难是，现有用来实现传统业务的数据库和交易处理软件很难与电子商务软件有效地兼容。虽然很多软件公司和咨询公司都声称能够完成现有系统与网上业务系统的整合，但是收费昂贵。除了上述技术和软件方面的问题，很多企业在实施电子商务时还会遇到文化和法律上的障碍。一些消费者不愿在互联网

上发送信用卡号码，也担心从未谋面的网上商店过于了解自己的隐私。还有些消费者不愿改变购物习惯，他们不习惯在计算机屏幕上选购商品，而愿意到商场亲自购物。电子商务所面临的法律环境也充满了模糊甚至互相矛盾的条款。在很多情况下，政府立法机构跟不上技术的发展。

26 我国农产品电子商务的发展面临怎样的背景？

(1) 涉农电子商务星火燎原

电子商务的跨地域特性，能够帮助农村居民打破以往的有形市场的物理局限，有效拓展全国乃至全球市场。

一方面，通过电子商务交易平台，三四线城市及中西部地区的消费者可以购买到只在一线城市销售的品牌商品。如2011年，甘肃、青海、贵州、内蒙古等在淘宝全网（含淘宝网和天猫）的消费金额中超过67%都是跨省购买的。

另一方面，中西部地区如新疆、内蒙古、四川等地超过70%的销售都销往外省。通过电子商务平台，新疆的大枣、内蒙古的奶酪乃至四川的特色小吃等得以销往全国。

在电子商务平台的帮助下，涉农电子商务（涉农电子商务是指涉及农村、农民和农业的电子商务）应用显著增长。2011年，淘宝全网各省成交金额的前10名里，中西部地区网购增速已经超过沿海地区，增长最快的前五个地区分别是：山西、内蒙古、新疆、安徽和甘肃。

涉农电子商务也从2009年起呈现快速增长态势。从最开始的零散农户在网上卖土特产，发展到形成以村、镇、县为单位的产供销产业群，如江苏睢宁沙集镇、浙江义乌青岩刘村、浙江缙云北山村、浙江遂昌县、河北清河县等。作为涉农电子商务中重要组成部分的农产品电子商务更是涌现出了王小帮、赵海伶、杜千里、中闽弘泰等一批优秀的网商。

(2) 各类涉农平台的重视和投入

农业是“三农”问题的关键，农产品则是农业的核心。近年来，农产品电子商务受到各类平台的重视和投入，成为涉农电子商务的热点。包括阿里巴巴B2B、淘宝网、天猫、京东、当当等平台，均将农产品作为重要业务拓展。

农产品电子商务同信息化息息相关。从2004年以来，我国的“村通工程”成功实现了“村村通电话、乡乡能上网”，农村通信服务水平迈上历史性的新台阶。截至2010年，全国行政村、20户以上自然村通电话的比例分别达到100%和94%，实现了全国100%乡镇能上网，其中99%的乡镇和80%的行政村基本具备了宽带接入能力。据农业部的数据，到“十一五”末，我国涉农网站达31 000多家。

在湖南，中农传媒与淘宝网、阿里巴巴合作打造了“特色湖南（http://www.tese-hunan.com/）”网上平台，实现了农产品产销的无缝对接。短短4个月，该网络的点击率就高达587万人次，并且湖南的33个品牌农产品借助该网络平台，实现了4个月网上销售400多万元的良好业绩。

特色湖南馆

在陕西，周至县三湾神舟行绿色蔬菜专业合作社与西安市人人乐超市通过网络“联姻”，从未谋面的农商双方达成了番茄、青瓜等6个蔬菜品种20吨的交易，交易金额约4万元。据悉，陕西省农商对接服务平台2009年2月建成两年多来，发布各类信息6 500余条，收录企业信息超过100家，达成交易4 400个，交易额突破2.5亿元。

在福建，“世纪之村”网络平台自2006年创办以来，已在泉州市2 350个村中的1 850个村上线使用，发布村务公开信息9万余条，农产品信息60万条，成交金额达3 100多万元。为泉州农村社会提供了一万多个就业岗位。

福建“世纪之村”网络平台首页

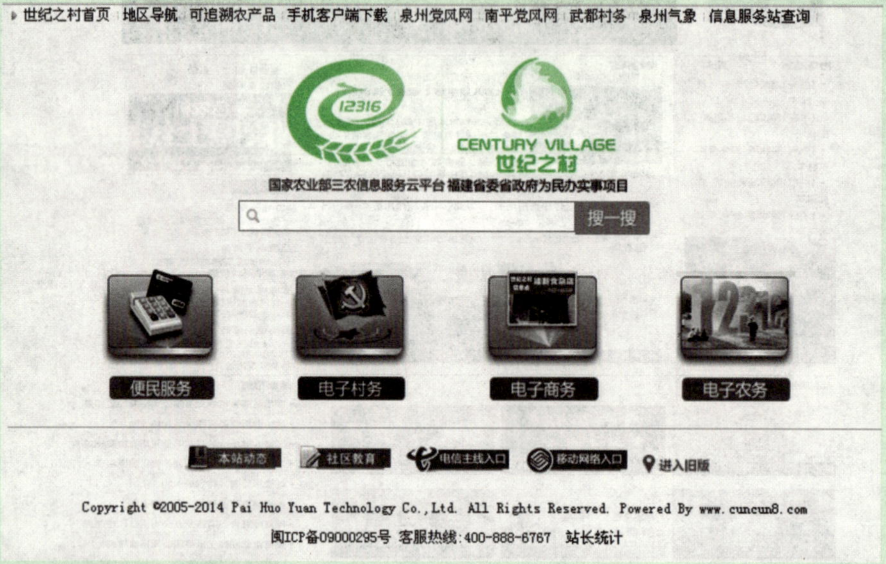

在河南，97%的行政村开通了“新农村商网”，农民上网销售尝到了甜头。河南省虞城县城郊乡郑庄村长毛兔养殖户林阳此前一直没找到销路，他的兔毛在县里都是按照每千克80～100元的价格销售。自从他在“新农村商网”登记了出售信息，结果福建的一个采购商以每千克260元的价格买走了他所有的兔毛。

福建“世纪之村”世纪商城首页

全国农产品商务信息（新农村商网）公共服务平台首页

(3) 更多服务商投身农产品电子商务

除了涉农电子商务平台的积极参与，越来越多的服务商也加入到农产品电子商务的潮流之中。

据了解，目前我国农产品电子商务已经形成以第三方电子商务交易平台为基础，零散农户、农业合作社、渠道商共同参与的格局。不过，目前从事农产品经营的网商主体依然以零散农户为主，无论是专业技能还是资源统筹能力都有欠缺，而服务商在这方面则有明显的优势，一定程度上可以带动整个农产品电子商务的规范和繁荣发展。

在农产品电子商务服务商中，物流、仓储、运营服务、金融等行业发展前景最为广阔。以物流为例，当前大多数第三方物流公司的物流网络只能覆盖到县一级地区，很多乡镇无法送达，一些偏远地区更是被排除在物流公司的业务范围之外。随着农民网购的兴起，以及农村网商的大批涌现，物流企业在农村市场将有极大的增长空间。

具体来说，目前国内农产品电子商务业务可分为三个层次：一是初级层次，主要为农产品交易提供网络信息服务。二是中级层次，一些网站不仅提供供求信息，还提供网上竞标、网上竞拍、委托买卖等在线交易形式。三是高级层次，除在电子商情网上发布信息、农产品在线交易外，还力求实现交易货款的网上支付。

27 农产品电子商务发展的相关政策主要有哪些？

鉴于农产品在国民经济和“三农”问题中的重要作用，国家多次出台支持农产品流通的支持政策。

2012 年 1 月，国务院办公厅印发了《关于加强鲜活农产品流通体系建设的意见》，提出了加强鲜活农产品流通体系建设的主要目标，进一步明确了重点任务和相关保障措施，是今后一个时期推动鲜活农产品流通体系建设的政策指导文件。

近年来，商务部推广农超对接、农批对接、农工对接、农社对接、农餐对接等多种形式的产销对接形式，实施农产品现代流通综合试点。此外，还开展了“南菜北运”和“西果东送”试点。

2012 年 12 月 19 日，商务部出台了《关于加快推进鲜活农产品流通创新的指导意见》，明确提出加强交易创新，引导鲜活农产品经销商转变交易习惯，鼓励利用互联网、物联网等现代信息技术，发展线上线下相结合的鲜活农产品网上批发和网上零售，发挥网上交易少环节、低成本、高效率的优势，激发传统农产品流通企业创新转型，形成以农批对接为主体、农超对接为方向、直销直供为补充、网上交易为探索的多种产销衔接的流通格局。

党的十八大指出，要坚持走中国特色新型工业化、信息化、城镇化、农业现代化道路。“新四化”中，信息化、城镇化、农业现代化都和农业密切相关。

以上一系列政策措施，都对农产品电子商务是利好消息，从宏观环境上，农产品电子商务具备了爆发式增长的基础。

28 未来农业营销为何要全面对接 O2O 模式？

所谓 O2O 就是 Online to Offline，也就是说将线下商务的机会与互联网结合在一起，让互联网成为线下交易的前台。这样线下服务就可以用线上来揽客，消费者可以用线上来筛选服务。成交也可以在线结算，很快达到规模。最重要的一点是：推广效果可查，每笔交易可跟踪。

整体来看，O2O 模式运行得好，将会达成“三赢”的效果，对本地商家来说，O2O 模式要求消费者网站支付，支付信息会成为商家了解消费者购物信息的渠道，方便商家对消费者购买数据的搜集，进而达成精准营销的目的，更好地维护并拓展客户。通过线上资源增加的顾客并不会给商家带来太多的成本，反而带来更多利润。此外，O2O 模式在一定程度上降低了商家对店铺地理位置的依赖，减少了租金方面的支出。对消费者而言，O2O 提供丰富、全面、及时的商家折扣信息，能够快捷筛选并订购适宜的商品或服务，且价格实惠。对服务提供商来说，O2O 模式可带来大规模高黏度的消费者，进而能争取到更多的商家资源。掌握庞大的消费者数据资源，且本地化程度较高的垂直网站借助 O2O 模式，还能为商家提供其他增值服务。

29 电商与媒体的互动关键是什么？

《舌尖上的中国》的热播，给商家带来很多机会，也引来一场不小的争议。《舌尖上的中国 2》发布官方声明，除与天猫和豆果网签约进行联合推广，其他商家并未获得授权，不排除采取法律手段追责。

很多商家借《舌尖上的中国 2》开展相关营销活动，确实取得了不错的效果，否则商家也不会冒着侵权的风险去推广。但对比来看，与官方合作的平台能够获得更多资源，与消费者的互动也更加明显，关键就是在于场景的营销。

天猫与《舌尖上的中国 2》的合作效果非常好，给相关商家带来了大量的订单，其他电子商务的效果似乎一般。为什么呢？与制作方合作的电子商务网站，双方能够有更好的互动体验。《舌尖上的中国 2》节目组帮助筛选商品和商家，出现在电视节目里的相关商品，在天猫就能够直接购买到原型，消费者也就能“所见即所得”。而其他商家出售的相关商品，产品看上去可能是一样的，但未必就是出现在电视里的商家，消费者自然会在心里打上一个问号。

舌尖上的中国场景营销（1）

消费者为什么要去买那款商品呢？因为受到了电视节目的影响。他们有购买的决心，自然希望能够买到原型，而不是看上去一样的商品。食品是非常有讲究的，同样的商品不同的厂家，味道也许就会有天壤之别。所以，当电视节目播出相关食品后，天猫上的卖家就会收获大量订单，因为卖家就是电视节目中的卖家，可以买到跟电视上一样的美味，这就是电子商务与媒体的互动结果，营造了一个完全一样的场景，能够促使消费者产生购买行为。

根据官方的数据，仅仅一个周末的时间，就有540多万人次访问了天猫《舌尖上的中国2》独家合作页面，其中手机访问是PC端的5倍。这就意味着，很多人是一边看电视一边用手机来购买的，这是电视屏和手机屏的互动。这种互动的本质，就是有一个同样的场景，能够让消费者有同样的购买欲望，而不仅仅只是同样的主题。或者可以说，其他的电子商务渠道只是打出一个广告，而天猫是打造了一个完整的场景，两者有着本质的区别。

舌尖上的中国场景营销（2）

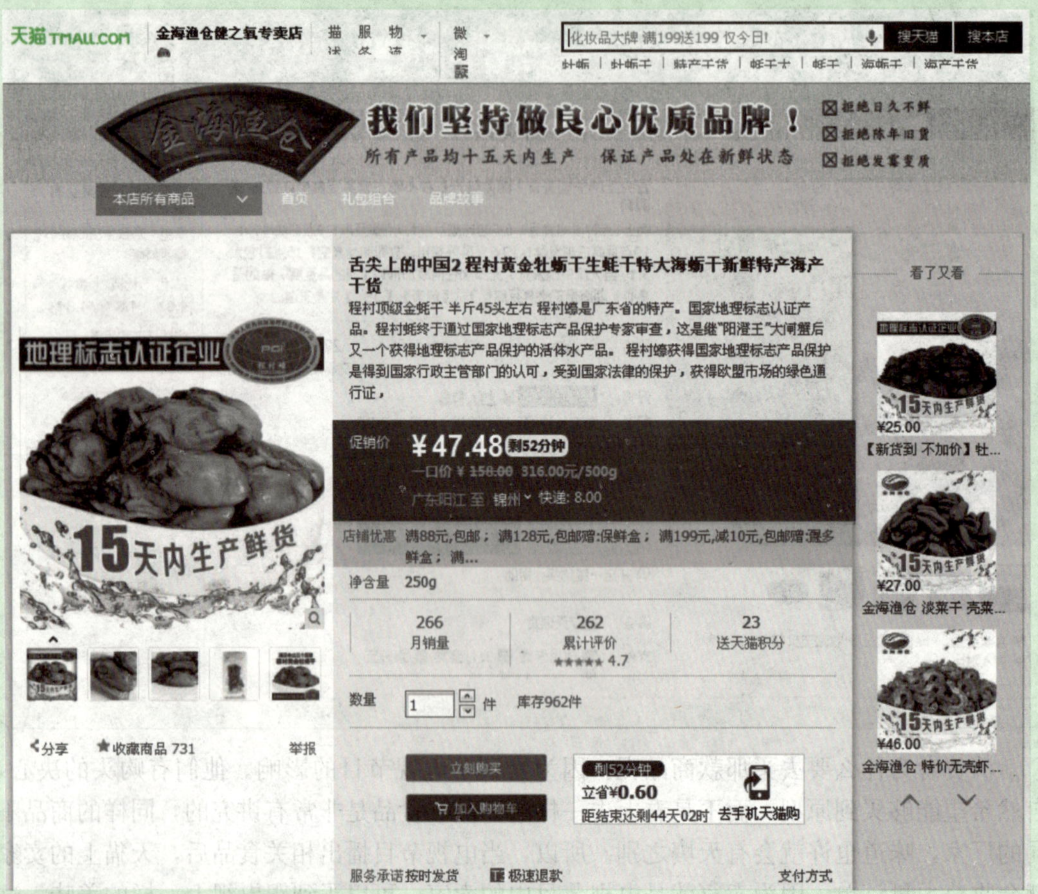

30 我国消费结构的变化体现在哪些方面？

促使农产品电子商务迅速发展的推动力，还包括我国消费结构的巨大发化。网购越来越普及，以及消费者追求绿色健康食品的需求旺盛，加速了我国农产品电子商务的步伐。

（1）网购行为越来越普及

根据中国互联网络信息中心（China Internet Network Information Center，CNNIC）发布的《第33次中国互联网络发展状况统计报告》，截至2013年12月底，中国网民数量达到6.18亿，互联网普及率为45.8%。其中，农村网民规模为1.77亿，农村互联网普及率为27.5%。

网购成为我国网民的最主要应用。截至2013年12月底，我国网络购物用户规模达到

3.02 亿，网民使用网络进行购物的比率（网民使用率），提升至 48.9%，相比 2012 年增加 6.0 个百分点。从 2011 年开始，网络购物的用户增长逐渐平稳，未来网购市场规模的发展，将不仅依托于用户规模的增长，还将依靠消费深度的不断提升来驱动。

中国网民规模与互联网普及率

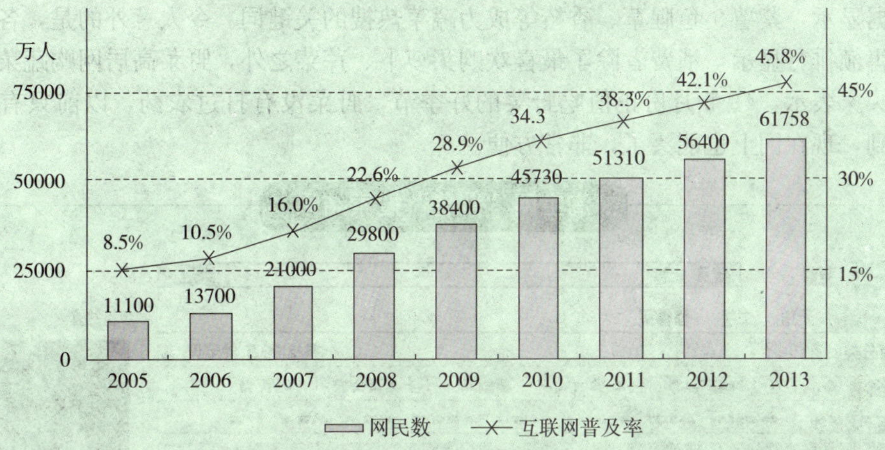

（中国互联网络发展状况统计调查，2013 年 12 月）

2012—2013 年中国网络购物用户数及网民使用率

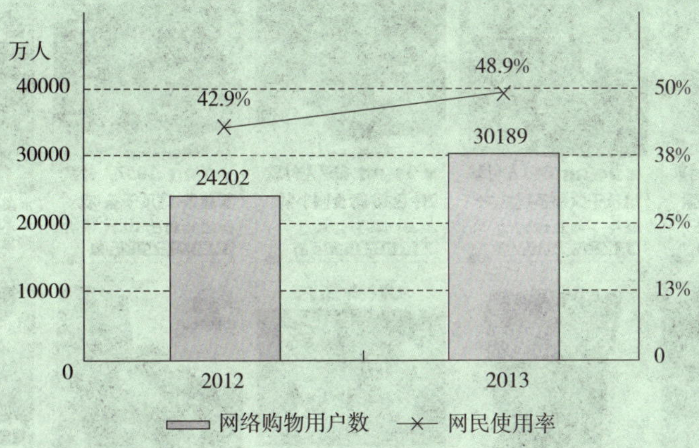

（中国互联网络发展状况统计调查，2013 年 12 月）

(2) 消费者追求绿色健康

随着我国居民生活水平的不断提升，居民绿色消费需求也在不断增加。从国际上看，日本有 91.6%的消费者对有机蔬菜感兴趣，77%的美国人和 40%的欧洲人喜爱绿色食品。在中国国内市场，绿色食品也受到广泛的欢迎，一项对北京、上海两个城市的调查表明，超过 80%的消费者宁肯花高价，也愿意购买绿色食品。人们对无污染、安全的绿色食品的消费已成为一种时尚，尤其是食品安全屡屡暴露出问题后，人们的食品安全意识进一步增强，绿色食品渐成消费主流。

绿色消费需求的增加，也促进了相关农产品的在线销售。根据淘宝平台的数据显示，目前，山东和北京是网购蔬菜的两大输出省，总共占到整个蔬菜市场份额的61.7%。其中，北京占据第二名的主要原因就是京郊新建的大量生态农场。此外，由于蔬菜保鲜和运输的原因，网购交易中很大一部分来自同城或者同省。

数据显示，紫薯、鱼腥草、香椿等成为蔬菜热搜的关键词。令人意外的是，各类蔬菜的周销售额排行显示，消费者除了最喜欢购买萝卜、芹菜之外，野菜高居网购蔬菜的第三位。有买家表示，4、5月份正值吃野菜的好季节，野菜没有打过农药，以前只有去农家才能尝到，现在网上也能买了，非常方便。

淘宝网“紫薯”搜索结果

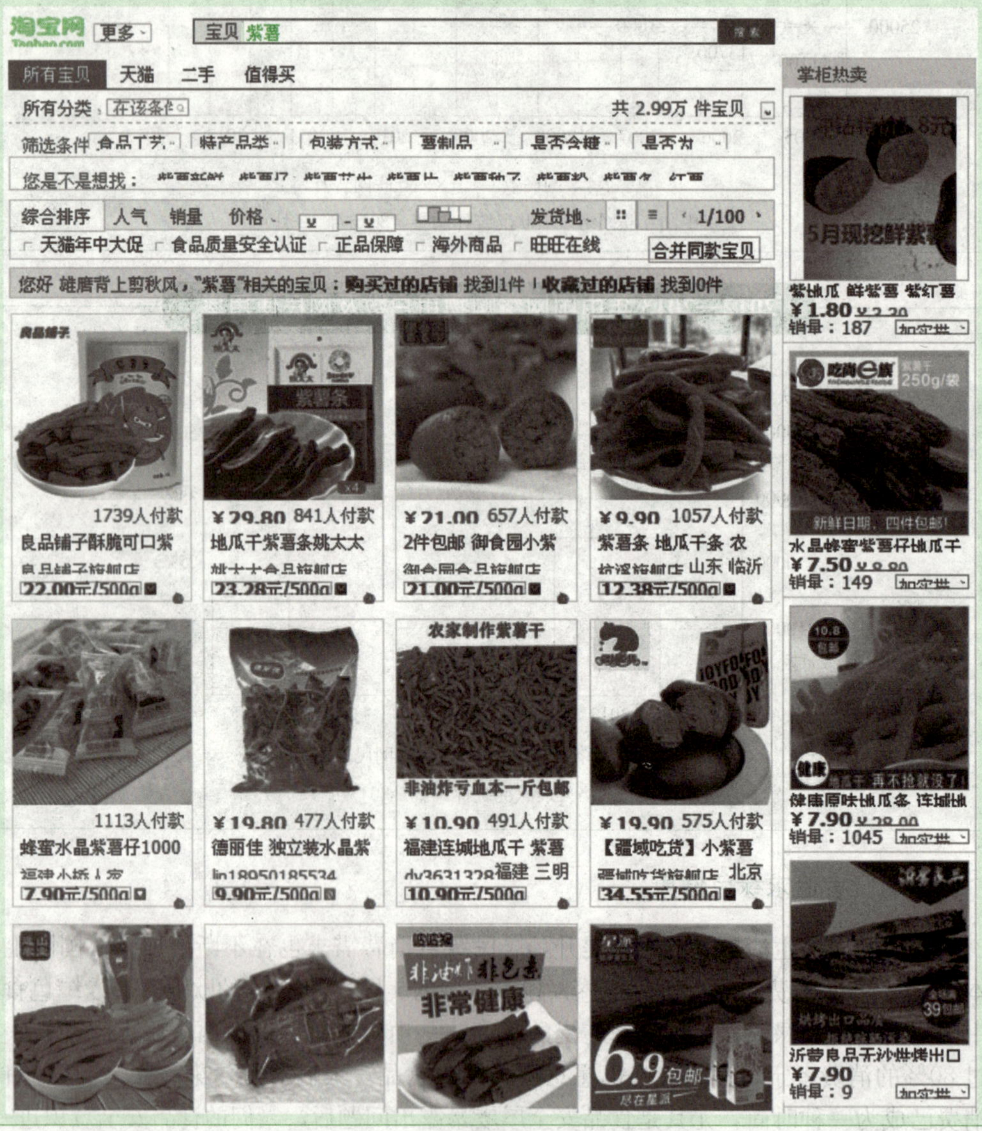

淘宝网“鱼腥草”搜索结果

淘宝网
更多
宝贝 鱼腥草
所有宝贝
天猫
二手
值得买
所有分类
共 4319 件宝贝
筛选条件
您是不是想找：
综合排序
人气
销量
价格
发货地
1/99
天猫年中大促
正品保障
海外商品
旺旺在线
支持货到付款
¥19.00 834人付款
包邮 2包送1包 鱼腥
52.78元/500g
¥10.00 126人付款
【福东海】 野生鱼腥
20.00元/500g
¥34.20 63人付款
艺福堂花草茶 鱼腥草
95.00元/500g
新鲜 现挖
鱼腥草4斤包邮
¥7.80 438人付款
新鲜 鱼腥草 折耳根
湖北 宜昌
7.80元/500g
¥18.00 95人付款
【少量供货 】云南野
云南 红河
18.00元/500g
¥5.00 195人付款
特价野生鱼腥草 鱼腥
25.00元/500g
¥9.90 189人付款
2013新货浙江省金华
河北 保定
9.90元/500g
活动正在进行......
点击抢购
小庄妈妈自采野生鱼腥草
¥15.00 77人付款
农家妈妈自采自晒 野
福建 三明
30.00元/500g
顶级鱼腥草茶
1斤包邮
¥5.60 180人付款
野生鱼腥草干 侧折耳
大学生回乡创业
¥79.00 167人付款
思乡人花草茶 神农架
鱼腥草茶
¥18.80 140人付款
【买2送1】秀尔魅 鱼
¥6.50 45人付款
农家新鲜野生鱼腥草
掌柜热卖
大学生回乡创业
精洗 纯野生 新鲜鱼腥
¥79.00
销量：177
热销7千包 全网领先
买二送一
19.
¥19.00
销量：854
野生鱼腥草干侧折耳根
¥4.80
销量：0
江西农村纯天然野鱼腥
¥20.80
销量：17

淘宝网“甜菜根”搜索结果

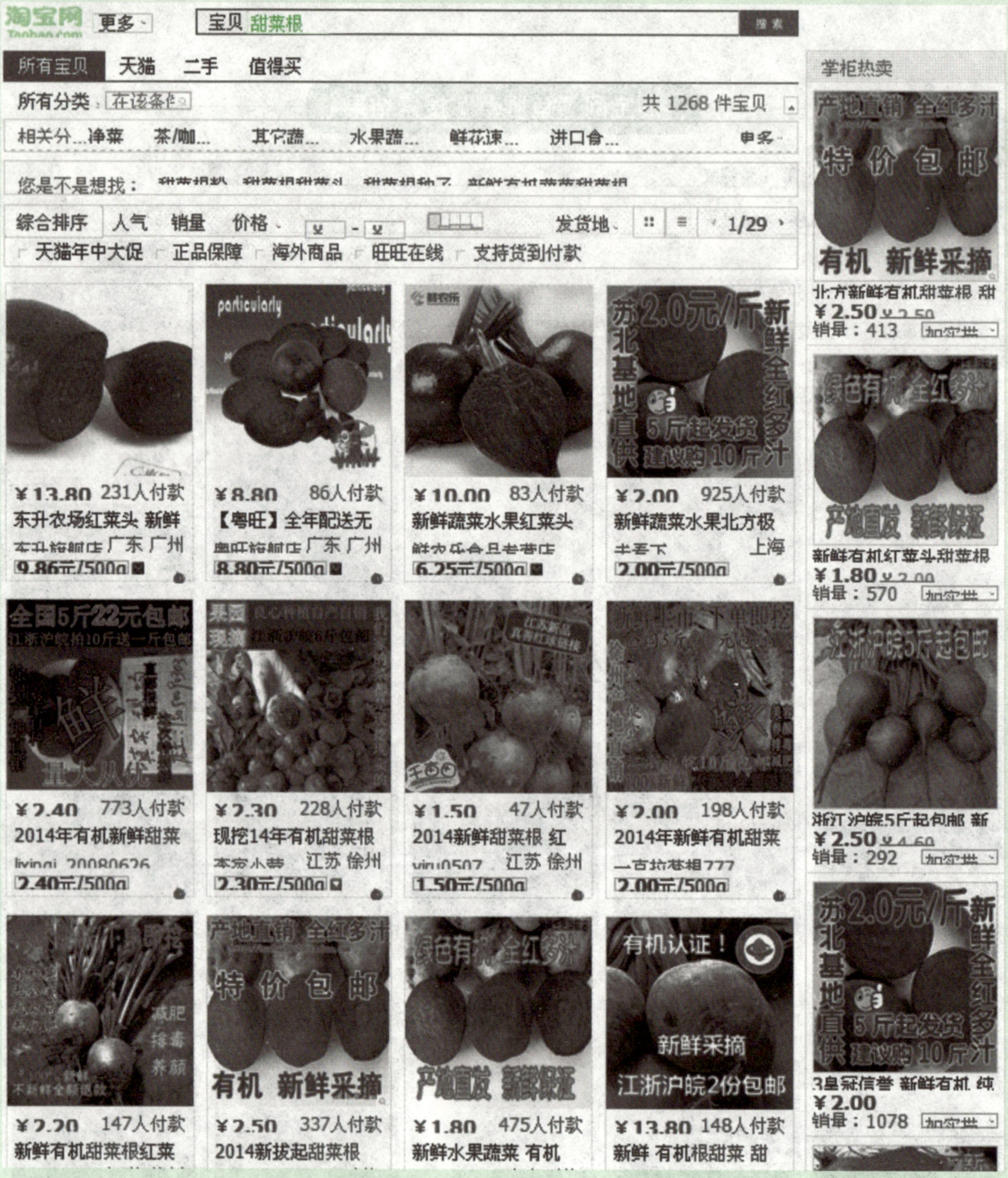

31 国外农业信息化模式对我国的启示有哪些？

信息化是通向农业现代化的“云梯”，农业现代化离不开信息化的支撑。在全球化和信息时代，对于中国这样一个农业大国而言，更应分析借鉴国外农业信息化建设经验，以更好地服务于中国农业信息化建设实践。

2014 年的《政府工作报告》提出要促进农业现代化和农村改革发展。积极推进农业信息化是实现农业现代化的一个重要内容。农业信息化代表着信息经济与知识经济时代农业生产力发展的最新要求，既是我国信息化事业发展的重要组成部分，也是建设社会主义新农村的重要内容。在此背景下，对国外农业信息化建设模式进行比较分析，学习借鉴国外农业信息化建设的先进经验，以更好地服务于中国农业信息化建设实践，具有重要的现实意义。

目前，国外农业信息化建设有以下几种典型模式：

(1) 美国模式

以政府为主体，美国建立了较为完善的农村信息服务体系。政府对农业的补贴、财政转移支付与其他方面的支持，主要是通过扶持、支持农业信息化的办法让农业和农民间接受益。美国上互联网的农民占农民总数的一半以上，用直升机进行耕作管理的农场占农场总数的 20%以上，安装 GPS 定位系统的农场范围很大。这些内容有机统一，共同构成了美国的“精准农业”模式。美国还颁布了一系列关于信息公开、信息收集与发布、个人隐私权保护的法律法规，为美国农业信息化的发展提供了法律保障。美国首席信息官委员会等为农业信息系统互联、兼容与业务协同提供了组织保障。通过农业网络信息中心联盟等组织实现了农业信息资源共建共享。

(2) 日本模式

日本是发展应用型农业信息服务的典型代表。根据农业市场运营规则，日本政府建立了若干个专门咨询委员会，同时制定了较为配套完善的规章制度，约束市场主体的行为，促进市场有序运行。因地制宜发展地域农业信息系统，发展农产品电子商务，推进 IT 技术在农场中的应用，发展日本型“精准农业”。

(3) 德国模式

德国带动农业信息服务发展主要依靠关键技术的开发和应用，而且，德国农业保护政策健全，联邦政府每年都有专项资金用于农业基本建设和农业补贴。

(4) 印度模式

印度发挥其软件发展的优势，抢抓机遇，从农业信息需求入手，富有特色。

国外农业信息化也存在着个性差异。一是信息化建设模式不同，二是信息化建设的扶持方式不同，三是信息化建设的组织形式不同。

综合起来，国外农业信息化建设模式对我国而言，有以下一些启示：

(1) 关于农业信息化主体的多元化和服务形式的多样化

农业生产经营者信息需求多样，需要多元化的信息服务主体提供多样化的信息服务内容。要通过国家政策引导支持、内外环境建设与保障，吸引社会力量参与到农业信息化建设中来。针对具有不同特性的信息产品，可考虑分别采用政府主导和投资、准市场机制、俱乐部形式和市场机制，以及与之相匹配的丰富的、个性化的服务措施和多样化的服务形式来实现。

(2) 关于农业基础设施的信息化

可考虑借鉴他国农业信息化的经验，注重农业基础设施的信息化建设。如在信息化基础设施建设方面，将信息通信网络设施、基础信息资源开发、农业信息化应用软件开发并重；在农业基础设施的信息化方面，注重农田基本建设、农作物种子工程、畜禽工厂化饲养、农产品贮藏等设施的信息化。

(3) 关于农业信息技术科研、教育和推广的结合

将农业信息技术的科研、教育、推广有机衔接，形成政府与涉农各界共同参与的多元化、多层次的信息服务格局，为农业信息化服务于农业经济发展实践的落地提供切实保障。通过多种途径和形式的传媒网络为农民经济活动主体获取农业知识、传播和推广实用技术、开展信息咨询服务提供手段和承载。

此外，农业信息化是涉及多部门、多领域、多行业、多学科的系统工程，要重视发挥政府的作用。同时，还要建立健全农业信息化法制建设，依法保证信息网络的高效畅通和涉农信息的真实与安全。

32 “好想你”电子商务如何用两年做到9500万元？

“好想你”2013年创造了将近1亿的销售收入，在食品红枣类目里面排名第一，同时又是第二名到第十名的总和。这样的成绩是如何取得的？

(1) 发展历程

“好想你”接触电子商务是从2009年开始的。“好想你”并不是主动接触电子商务的，而是为形势所迫。那时“好想你”公司没有涉及电子商务，但是很多加盟商、经销商在网上销售，价格打得很低，这还不是影响最深的，影响最深的是假货。“好想你”的产品价格一直远远高于行业水平，出厂价就已经是其他品牌的市场零售价了，这里面存在巨大的

利差。红枣属于圆果类，谁都可以买一些原料，洗洗晒晒，然后包装就可以拿出来卖，很多不法商家就在网上卖假的“好想你”枣。很多买家不了解，觉得在网上这么便宜就可以买到“好想你”枣，挺好的。所以，“好想你”做电子商务是因为被市场倒逼，一个是串货、乱价，一个是假货，逼着企业不得不出来整治市场。

2010年，“好想你”集团报表上显示集团电子商务出货200多万元，2011年出货不到400万元。2012年3月，在郑州成立了独立的电子商务团队，成立8个月，就上了2012年的“双11”，那一年“好想你”拿下了“双11”红枣类目的第一，当天成交580万元，比2011年全年的销售额还高。

2013年的“双11”，单店出货1300万元，占当天红枣销量的30%，相当于红枣类目中第二名到第十名的总和。

所以，电子商务不应只作为传统正常品牌的一个出货渠道，而应当成一个商业模式，才能获得更大的发展。

(2) 产品体系

“好想你”电子商务的客户人群是从18岁到39岁之间的活跃人群，线下专卖店的人群主要集中在35岁以上，这是两个完全不同的客户群。拿线下大包装的产品在网上卖，消费者并不是很买账。通过对市场、竞争对手、客户群以及整个食品行业客户群的分析，2013年，“好想你”进行了“七纬度营销”，这是电子商务独有的营销模式。“好想你”把目标客户群划分为7个不同的人群，对应7个人物角色，如“枣妈妈”“枣美美”“枣吃吃”等。通过对这7类人群的定位，对产品进行归类和划分，把大包装进行零食化，推出“健康零食”的概念，这样“好想你”枣不仅是礼品、特产，更是零食，上班族、都市白领、居家一族就都特别喜欢吃。以前红枣在各大平台里面是被列为养生滋补品的，后来单列为枣类，现在又把它引导到零食类，具有广阔的市场。

(3) 客户体验也就是会员中心

“好想你”所有的一切都是围绕以客户的核心诉求为主展开的，这就是客户体验。互联网是一个创新和颠覆的平台，“好想你”对客户的体验，并不是说拿一个产品放在网上客户就认可，而是做很多软性的植入和软性的价值服务。

众所周知，在互联网上购物是先付款，虽然这个款没有直接到商家，但是你已经先花钱了，然后这个产品才会形成包裹到你这里。这就是冲动消费，冲动消费需要完善的就是最后一个环节，就是在收货的时候能不能达到他冲动消费的预期，这一点很重要。

(4) 整合营销

“好想你”有专卖店、商超，有很多品牌展示，进行整合营销。整合营销的核心就是会员，以会员为核心，整合新媒体，对以不同平台、不同品牌商的会员进行整合，让消费者更加了解品牌和产品。

“好想你”官方旗舰店

天猫 TMALL.COM
搜天猫
搜本店
好想你
红枣上市品牌 · 淘宝全网销量第一
天猫 年中大促
收藏
世界杯来了
6月17日—好想你年中大促激情特惠
抢秒杀
看攻略
6月17日使用
5元优惠券
点击领取
10元优惠券
点击领取
20元优惠券
点击领取
01 六大明星产品
年中大促，低至4折，好想你特惠热卖
In the carnival dates
满88包邮
热销 27万件
有机红枣 人气热卖
特惠价：¥45
立即抢购
热销 37万件
镇店之宝 全网热销
特惠价：¥98
立即抢购
买2送2
壳薄仁肥 喷香酥脆
特惠价：¥49.8
立即抢购
热销 5万件
特级精选 甜软香糯
特惠价：¥79
立即抢购
热销 14万件
保鲜香甜 全网热销
特惠价：¥59
立即抢购
个大饱满
个大饱满 适宜煮粥
特惠价：¥59
立即抢购
02 年中大促专供
填满她的胃，陪你看世界杯~!
Accompany you to watch the World Cup
送茶杯
6月17日，前100名
热卖爆品专区
年中大促价：¥92.00
加入购物车
年中大促价：¥115.00
加入购物车
年中大促价：¥29.80
加入购物车
年中大促价：¥29.80
加入购物车
年中大促价：¥36.90
加入购物车
年中大促价：¥39.80
加入购物车

互联网是一个创新的东西，不局限于形式，也不局限于任何模式和品牌，可以做跨界整合。2014 年，好想你联合 16 个品牌进行“闺蜜节”营销，在互联网上掀起了一阵风，号召大家寻找闺蜜，讲述和闺蜜的故事，赢取奖品和礼品。当多品牌共同互动的时候，就是把大家的会员集合在一起的时候，会员到这里可以享受特权，在那里也可以享受特权，形成会员互通。通过这样的一个形式，不断的品牌联合和客户互动，让消费者更加了解品牌和产品。

(5) 团队

到底什么样的团队能够承接电子商务，能够在市场中突围而出建立一个品牌？团队建设是非常重要的，在电子商务中如果用传统的架构来管理，会限制团队的创新性和团队的灵性、活跃度。所有的项目都不是老总提出的，管理层只做方向性的东西，所有项目的创新和执行都是每个项目的创新人来做的，这是“好想你”整个团队的管理模式。在团队里，不追求个人英雄，而是整个团队能够顾全大局，团队的核心价值观是团队的核心动力。

33 农村电子商务势必会经历哪几个阶段？

根据阿里巴巴研究中心预测，2014 年在淘宝上的农产品交易市场将达到 500 亿元，经营农产品的网店数量有望突破 100 万家，农产品电子商务已经成为电子商务增长最快的类目之一。

在中国，有一个奇怪的现象，离城市越远，环境污染越小，食材越优质，但是价格却越低廉；而离城市越近，污染越严重，食材质量也越差，价格却越昂贵！引用《舌尖上的中国》中的一句话：“时间，既是食物的朋友，也是食物的敌人！”如何打破时间的限制，让更多人享受到最优质的食材，电子商务成为了最大的可能性。

然而，在这个电子商务已经成为全社会最热门话题的时代，当你走进一个个村庄的时候会发现，这里的人们完全不知道什么是网络购物，更别说在网络上去销售他们的产品。该如何通过互联网来发展农村电子商务，让更多的农民兄弟从中受益，让更多人吃到健康美味的食材呢？一般地，势必都会经历以下三个阶段：

(1) 龙头产品品牌化：增值

为什么要把龙头产品的品牌化视为农村电子商务发展的第一步？因为信任！

农户的信任

在农村，大多数人都不懂网络购物，更别说网上销售农产品，而高昂的物流成本加上低廉的产品价格，使太多的人望而却步。如何打破这个怪圈？应从农产品的标准化，龙头产品的品牌化入手。必须通过龙头产品的品牌化，让更多的农户了解电子商务，让优质食材的供应者受益，才能源源不断的提供更多优质食材，保证农村电子商务的健康发展。

消费者的信任

农产品电子商务，解决了信任就解决了一切问题，在这个到处食毒的时代，吃一顿安全、美味的饭菜是每个消费者的追求。如何让别人相信你的食材是安全的？唯有标准化、品牌化，才能逐渐在消费者心中建立起信任。

农产品电子商务，看似门槛很低，其实门槛相当高，每一个产品都是一个独立的类目体系，每增加一个产品就等同于增加了一个类目，如牛肉和鲫鱼都属于生鲜，却有着不同的供应链体系，苹果和红枣都属于水果，却有着不一样的销售周期，如果再衍生到深加工，范围就更广了，所以龙头产品的标准化首先要有明确的市场定位，切忌大而全！

随着人们生活水平的提高，吃饱已经不再成为问题，而吃好已成为越来越多的人追求的目标，这也为农产品的品牌化奠定了基础。每个地域有不同的环境、文化、地理优势，也就为每一个农产品赋予了不同的品牌故事。有些人因为吃而爱上了一个地方，有些人因为玩而吃到了最美味的食物，一个地方的旅游业和美食永远是不分家的。农产品的品牌化离不开地方旅游业的发展，反过来又能为地方旅游业开启新的宣传窗口。

所以，农村电子商务的发展，离不开当地龙头产品的品牌化，只有品牌化，才能增强农户信心，解决消费者信任问题，同时拉动其他农产品电子商务的开展。

(2) 地域特色规模化：增产

地域特色的规模化，往往离不开政府公信力的引导，很多地方的农村，农民今年都不知道明年地里该种什么，一年一变样，说得好听点叫做跟随市场趋势，说得不好听就是啥值钱就种点啥！就连所谓的龙头产品都面临着可能绝迹的危险，这样的态势导致了淘宝“特色中国”项目各县级馆销售的产品都是一样的，根本没有特色。

地域特色的规模化，必须要专业的农业电子商务企业联合当地政府，对当地的地域特色进行重新定位，利用政府公信力，进行资源整合，引导农户将地域特色规模化。这个前提，一定是农户对电子商务的了解和信任，而这份信任一定来自于龙头产品的品牌化。

金华火腿、安溪铁观音、湘西腊肉、吐鲁番葡萄……当不断涌现一批又一批这样的地域特色产品，并将其品牌化、规模化以后，农村电子商务才能茁壮发展，也才有可能呈现真正的特色中国！

然而，很多的地域特色都提前实现了规模化，却没有实现品牌化，这样的结果是80%以上的农产品并没有给地域特色加分，有些甚至做到了减分。如大家都知道湘西腊肉出名，却没有人知道什么牌子的湘西腊肉最好。品牌化的前提是实现标准化，很多食材确实很美味，但是食材选择、制作条件、工艺流程是随机多样的，如果在标准化之前过早实现了规模化，品质就往往无法把控，这也是很多地域特色产品确实很出名，但品质上却良莠不齐的原因。

所以，在龙头产品品牌化的基础上，利用政府公信力整合资源，实现地域特色的规模化，在增值的基础上增产，是农村电子商务发展的重要一步。

(3) 专业分工平台化：增收

“分工是劳动效率提高的主要原因。”这是《国富论》的理论基石。

专业的人干专业的事，这是农村电子商务规模化发展的重要基础，让每一个农户都去开一个网店，这是不现实的。在整个农村电子商务的发展中，首先就要做好专业化分工，政府起到引导和监督的作用，专业的电子商务企业搭建好销售和服务平台，农户精心做好优质食材供应，这样才能保证农村电子商务的高速健康发展。

农村电子商务的发展，需要一批优秀的创业者来实现龙头产品的品牌化，再在政府的引导和资源整合中实现地域特色规模化，在整个过程中做到定位清晰，分工明确，搭建专业销售平台，这三个环节环环相扣，密不可分，只有做到产品增值、规模增产、人人增收，才能搭建一个健康的农村电子商务发展平台。

农村电子商务的发展是双向的，一方面要让自己的好东西出去，一方面要让别人的好东西进来，这样才能形成完整的商业闭环。

34 发展农产品电子商务的驱动力有哪些？

(1) 供应链驱动型

典型代表是顺丰优选（http://www.sfbest.com/），凭借顺丰集团的物流与配送优势，可以快速占领全国市场，这也是顺丰优选2013年拿下近4亿销售战绩的主要原因，上游的货源更丰富更标准，下游的配送优势会更加彰显。

顺丰优选首页

（2）营销驱动型

典型代表是“本来生活”（http://www.benlai.com/）。农产品背后的故事性强，容易制造传播热点，从“褚橙”“柳桃”到“潘苹果”，从“四大美莓”到阳澄湖状元蟹，背后都有本来生活网的影子，核心都是以营销带动流量和销量。其面临的挑战是需要不断推陈出新。

本来生活网首页

（3）产品驱动型

典型代表是“沱沱工社”（http://www.tootoo.cn/），依靠自建的有机农场坚守高品质产品，并在全国大力发展联合农场，力求通过严控品质获得忠实消费者，以产品驱动消费且稳扎稳打。其面临的挑战是瞬息万变的市场节奏。

“沱沱工社”首页

（4）渠道驱动型

典型代表是“天天果园”，依靠自身对水果市场的专业理解，单一聚焦水果品类，力拓天猫、1号店、微信、电视购物、广播电台等各类销售渠道。其面临的挑战是要提高跨区域配送的服务能力。

（5）服务驱动型

典型代表是遂昌网店协会（http://www.wdxh.org/），政府倾力支持企业独立运营，他们为本地的中小卖家（农户）提供培训、开店、营销、仓储、配送等标准化服务，凭借自身专业服务赢得市场价值。

遂昌网店协会首页

遂昌网店协会
www.wdxh.org
网无界，商有道
遂昌县政府与阿里巴巴集团淘宝网战略合作指定运营机构
会长信箱：pan@wdxh.org，会员任何问题都可通过此邮箱反馈，全国咨询服务热线：0578-8185878
首页 关于协会 最新动态 会员店铺 优秀供应 媒体看协会专题 分销商城
搜索
关注我们：新浪微博 +加关注 腾讯微博 +加关注
【协会论坛】 【会员登录】
诚聘！邀请您的加入 @ 遂昌县网店协会
为学读书，贵在坚持——遂昌县网店协会2014年首期电子商务培训班
协会新闻 协会公告 >>更多
浙江省省委群众路线教育活动督导组一行莅临遂昌县网店协... [04-10]
普通遂昌人，谈起电商的那些事 [03-27]
为学读书，贵在坚持——遂昌县网店协会2014年首期电... [03-25]
2014年首期遂昌县网店协会电子商务创业培训班开班啦... [03-11]
浙江省省委副书记王辉忠一行莅临遂昌县网店协会调研 [03-10]
浙江省科技厅副厅长曹新安一行冒雪来访遂昌县网店协会 [03-06]
江西新余市陈市长来访遂昌网店协会 [03-03]
省质里技术监督局郑处长来访 [03-01]
2014新同事老伙伴"约会"遂网 [02-19]
媒体看协会专题 >>更多
媒体看协会专题 详细进入 >
浙江遂昌：网店协会成民企缩影 专... [01-07]
遂昌现象一：网商集群式发展，县域... [01-06]
浙江遂昌：家门口做成全国生意 ... [01-06]
生鲜电商案例:遂昌土猪肉的网络叫... [05-20]
明星会员推荐 >>更多
遂昌旅游... 有我竹炭 周记购物 遂昌天恒... 绿生活你... 竹炭世家...
YOUKU 优酷
开店帮助 >>更多
【读图】店铺首页过滤分流 [10-12]
【读图】改变消费方式的5家网站 [09-15]
【读图】电商"粘住"消费者的18个思维方法 [09-15]

35 我国农产品电子商务发展经历了哪几个阶段?

自 1995 年以来,我国农产品电子商务经历了 4 个发展阶段:

(1) 第一阶段:1995—2005 年

1995 年 12 月 12 日,郑州商品交易所期货网成立,开始探索粮食在网上流动,2000 年中华粮网成立,2005 年 10 月开创中央储备粮网上交易探索。1999 年全国棉花交易市场成立,1999 年 12 月以来,交易市场接受国家有关部门委托,通过竞卖交易方式累计采购和抛售国家政策性棉花近 2000 万吨,成交金额近 4000 亿元。2000 年 8 月至 2002 年 6 月,交易市场还接受国家有关部门委托,通过竞卖方式抛售国家储备糖 230 多万吨。

(2) 第二阶段:2005—2012 年

2005 年易果网成立,2008 年出现了专注做有机食品的"和乐康"及"沱沱工社",这几个企业开始都是做小众市场。在这期间,国内频发食品安全事件,消费者对品质好、安全性高的食材的需求大增,这使得很多企业看到了这个市场的潜力。2009—2012 年,涌现了一大批生鲜电子商务。很多商家的进入导致了行业泡沫的产生,当时的市场需求并没有那么大,而生鲜电子商务模式也是原封不动地照搬其他电子商务的模式,最终很多企业倒闭。

(3) 第三阶段:2012—2013 年

生鲜电子商务的转折,是从 2012 年底开始的。当时刚成立一年的生鲜电子商务"本来生活"凭"褚橙进京"事件营销一炮走红,随后又在 2013 年春挑起了"京城荔枝大战",此时生鲜电子商务再度引起人们热议。这期间,社会化媒体及移动互联网的发展也让生鲜电子商务有了更多模式的探索。但同时,生鲜电子商务也十分艰难,如 2013 年初的北京"优菜网"曾经寻求转让、上海"天鲜配"被下线等。

(4) 第四阶段:2013 年以后

在第三阶段以"顺丰优选""一号生鲜""本来生活""沱沱工社""美味七七""甫田""菜管家"等为代表的商家都获得了强大的资金注入,而且每个企业都有各自的行业资源优势,进而相继进入生鲜电商竞争。在这期间,B2C、C2C、C2B、O2O 等各种模式竞相推出,越来越多的网络工具,如宽带电信网、数字电视网、云计算、大数据以及微博、微信等为各商家提供更多的选择工具。

36 农产品电子商务成长需要跨越哪几道门槛？

在电子商务洪流几乎冲击一切商品领域的今天，农产品像水中顽石般兀自挺立。一方面，背靠产值达数万亿元的第一产业，农产品电子商务的前景值得期待；另一方面，即便是阿里巴巴、京东、1号店这样的电子商务巨头，在农产品领域的发展步伐依然谨慎。

目前，农产品电子商务的发展主要面临五大难题：发展迅速但比重较小、标准化制约大规模流通、缺乏较好的电子商务模式、物流成本高昂、较低的客单价赚了吆喝不赚钱。

(1) 整体规模偏小

农产品电子商务近年来发展快速。阿里巴巴集团研究中心发布的《农产品电子商务白皮书》显示，淘宝网2010年涉及农产品的类目完成销售额37.35亿元，2011年攀升至113.66亿元。2012年，淘宝网增加了茶叶和生鲜水产两个大类目，销售额达到了198.61亿元。2013年，阿里平台上农产品销售继续保持快速增长，同比增幅达到112.15%，对应交易额约为421.3亿元。截至2013年年底，淘宝网经营农产品的卖家数量达到39.4万个。

淘宝在农产品电子商务所取得的成绩，是整个行业迅猛发展的缩影。除淘宝外，中粮、京东、顺丰等不同领域巨头都在积极布局这一领域：中粮集团旗下的我买网于2011年开通生鲜频道，顺丰速运2012年跨界上线的电子商务平台顺丰优选也以生鲜农产品为主，1号店、苏宁易购等电子商务巨头也在2013年涉足生鲜电子商务领域。

据统计，目前全国涉农电子商务平台已超过3万家，其中农产品电子商务平台已达3000家。随着2014年中央1号文件首次提出“加强农产品电子商务平台建设”，业界预期农产品电子商务将在2014年得到快速发展。

尽管发展迅猛，不过身处体量日益庞大的电子商务行业，农产品电子商务所占的比例还很小。作为国内电子商务标杆的淘宝网，2013年完成农产品交易额约421.3亿元，这个数字在淘宝高达万亿的年交易额面前显然十分渺小。2013年仅“双11”当天，淘宝的交易额就达到350.19亿元。

根据国家统计局初步核算结果，2013年我国GDP达到56万亿元，其中农林牧渔业总产值是5.7万亿元。而据业内人士分析，目前农产品的网购渗透率仅仅在2%左右，相比服装、3C产品（计算机、通信、消费类电子产品，也称“信息家电”）等将近20%的渗透率，行业前景巨大。

(2) 标准化制约大规模流通

标准化是商品能够在电子商务市场上大规模流通的必要前提之一，目前农产品面临的首要问题就是标准化。

我国农产品标准化水平程度不一。关系国计民生的大宗农产品，如面粉、玉米、棉花、菜籽等，经过了几十年发展，大多已经形成了工业化流通的标准体系。但蔬果、鲜肉、海鲜等大多数农产品，目前仍以非标准化的状态存在，难以在电子商务平台上形成规模流通。

作为非标准品，一些农产品的采购、物流、销售等环节，与目前成熟的标准品电子商务业务完全不同。“中华新农人联盟”发起人、农产品电子商务研究者魏国峰认为，在供应链的前端，农产品源头货源不具备规模化，商品标准化程度低。多数产品没有品牌化运营的基础，从而无法进行系统的包装和营销，不能满足流通市场的需求。

网上卖的农产品是需要经过标准体系认证的，有认证才能销售，如绿色标准、有机标准等，这是电子商务市场的流通规则，也是硬性门槛。然而现实是，大部分国内的农业生产者都是小农户，他们没有这个意识去给自家生产的农产品做质量认证的背书。有的农户有这样的意识，但要么被较高的认证成本吓退，要么找不到简单易得的认证途径，因而无法实现认证。

国内农产品的标准化问题，导致了“外国的月亮比较圆”现象在行业内屡屡上演。2013 年，天猫预售的美国车厘子，13 天订单额就达 1 500 万元，预售的阿拉斯加野生海产也获得消费者的热情追捧，这些产品都来自国外。

由于发达国家农业现代化、集约化程度高，加上良好的食品安全信誉度，各大电子商务网站在拓展生鲜品类时，首先会考虑引进国外的农产品来增加用户黏性。

(3) 缺乏较好的电子商务模式

在供应链的前端，农产品标准化程度低成为流通的首要问题。而在供应链中端，单一农户又难以形成规模化的货源，缺少既懂农业又懂电子商务的专业人才和服务机构对货源进行组织。

小农户怎样才能让自己种出来的东西走进电子商务渠道呢？在货源和渠道的两端，需要一根管道进行撮合连接。

遂昌农产品电子商务模式

在浙江省丽水市遂昌县，有一个样本或许具有参考意义。成立于 2011 年的遂网电子商务公司，隶属于遂昌县网店协会，如今已经成为农产品电子商务业内小有名气的综合服务商。遂昌县有着优越的自然环境和丰富的农特产品资源，遂昌的冬笋曾在央视纪录片《舌尖上的中国》第一集中被播出介绍。遂网公司成立的目的是为了整合资源，集中采购、发货、品质控制、仓储，打通产品和销售之间的通道。据介绍，遂网公司搭建的麦特龙分销平台，将县域内各个合作社的优质农产品做成产品包放到平台上，而后将信息发布给有合作关系的网商会员以供他们销售，麦特龙负责统一配送和物流。

目前，遂昌县网店协会拥有 1 600 多网商会员，200 多家网货供应商，10 多家包括物流、快递、银行等在内的第三方服务商。同时，遂网公司还会给农民提供种植规划、产品标准、包装设计、溯源体系，公司有团队每日跟进，帮助农民让所种的产品更好地符合市场口味。“农民什么都不用管，只需按要求把东西种出来就可以了。”

遂昌的农产品电子商务模式解决了两方面的需求：种出来的东西能卖掉，这是农民的需求；收购来的东西能在市场上有竞争力，这是电子商务的需求。实现了专业的人做专业的事，让农民回归种植、养殖，让开网店的人回归到店铺运营。

(4) 高昂的物流成本

目前，农产品电子商务中比较成熟的类目，如坚果干货、零食等，由于门槛较低，竞争激烈。而被认为是“蓝海”的生鲜电子商务，在遭遇前端货源问题的同时，还要面对高昂的物流成本。

干线物流和末端配送是生鲜农产品流通中绕不开的重要环节。由于生鲜农产品的独特性，在配送过程中，冷库自然必不可少，同时还必须要有冷藏加冷冻的混合配送车辆，以及冷藏周转箱及恒温设备。否则，再好的商品送到消费者那里都会成问题商品。

我国的冷链运输水平较发达国家仍有差距。据统计，目前国内仅有 7 万多辆冷藏车，平均 2 万人有一辆，而日本是 15 万辆左右，美国是 25 万辆左右，平均 800～1 200 人就拥有一辆冷藏车。中国物流与采购联合会冷链物流专业委员会秘书长秦玉鸣曾表示，要接近发达国家的冷链运输水平，国内至少需要 60 万辆冷藏车。

现状显示了我国冷链基础配套薄弱。由于缺乏满足自身配送要求且保证服务质量的第三方物流公司，大多数生鲜 B2C 网站采取了自建物流的策略，也就是所谓的“电配一体化”。

“沱沱工社”“顺丰优选”等业内领先的生鲜电子商务平台都是自建物流的践行者。不过，自建物流随之而来的问题是，一旦规模扩张开展跨区域经营，势必加重物流建设成本。一个冷库的建造成本从几百万元到上千万元不等，投入较高但辐射区域有限。此外，冷库的运营成本也非常高，一个 1 000 米^2 的冷库一年的电费就要 100 万元左右。

对电子商务平台来说，与第三方物流公司合作或许是一种划算的方式。冷链的投入不是一般的农产品电子商务企业能够做得好的，社会化、专业化的冷链物流队伍成为整个农产品电子商务急需的资源。

生鲜电子商务的核心就是物流，降低损耗率，提高配送体验，控制物流成本。生鲜电子商务很有前景，但是必然经历艰难的过程。

(5) 较低的客单价赚了吆喝不赚钱

客单价（每位顾客平均购买商品金额）是生鲜农产品电子商务的痛点。大众水果、蔬菜、禽蛋、肉食这些产品，本身的价格就比较低，加上产品附加值不高，导致客单价较低，盈利能力不强，这是多数生鲜电子商务难以逾越的门槛。而高端生鲜市场，能够相应地提高客单价，但受众却很小。

数据显示，目前生鲜电子商务客单价如果低于 200 元，抵扣物流成本和流通损耗后，将是一笔亏本的买卖，另一方面，过高的客单价又会打击消费者的购买热情。

目前部分农产品电子商务的定位还比较高端。有机农产品的价格本来就高，加上物流成本，更是推高了客单价。由于市场还处在培育阶段，如果有一些资本进来，就像当初淘宝、京东这些电子商务巨头刚成立时那样，初期不以盈利为目的，而多去刺激消费者的需求，就能把市场建立起来。

37 网线+电脑+农产品代表农产品电子商务吗？

随着移动互联网的快速普及，在硬件设施逐渐改善的同时，农产品电子商务的发展也进入了快车道。一提起农产品电子商务，让人很自然地想到互联网，包括现在多数农商也反复强调一点，那就是家里有台电脑，扯上一根网线，实现上网，直接发布自己的农产品信息，这对于从传统农业过渡到现代的电子商务，实现了一个比较大的改变。但仅仅是一根网线加一台电脑就能代表农产品电子商务吗？

农产品要实现电子商务，就要结合当前农村的实际硬件设施情况。对于农民或者合作社的种植户来说，最直接的工具不应该是电脑，而是手机。如果要求他们通过电脑搞定农产品在线营销的话，是不现实的。

结合近期的电子商务发展看，电子商务逐渐走向了手机移动终端，这个终端天然地适合农民这样的生产流动群体。现在，连阿里巴巴都在研发淘宝卖家手机，也充分说明了市场对移动商务终端的期待和需求。农产品的独特性要求移动终端的功能强大、使用便捷，通过移动商务终端，可以直接实现农产品的实时信息发布，包括产品描述、产品图片、供求概况以及合作社介绍、联系方式等信息的全方位发布，卖家和买家可以通过语音输入和地图定位，直接查询到最近最新的农产品供求信息。

手机的普及可以直接实现手机对手机的端对端链接，包括数据库的建设以及产品库的发布和推广，都可以帮助农民有效解决不愿意使用电脑和不愿意束缚在电脑旁的根本问题。所有的买卖和信息发布都可以通过手机来实现，这本身就是对现有电子商务模式的根本性变革。以往通过注册各种互联网网站发布信息网站与网站之间天然的商业保护壁垒让农民疲于应付。各种网络平台的孤岛效应让农产品生产者不厌其烦的同时，也使各家网站的发展渐入瓶颈。

移动商务端的发布给农产品电子商务发展带来了新变化，但也应该看到，针对农产品的网络化、电子商务化，最大的困难依然是如何更为专业更为高效地发布信息，农业从业人员在信息的完整性、科学性发布上依然不得要领，包括对农产品特殊卖点的提炼，农产品在线展示的摄录要领，发布时间节点和发布频率，都需要继续进行帮助和扶持。工具不代表一切，抛掉一根网线一台电脑，依然有很多的工作要做。在这方面，政府可以扶持，企业可以帮助，无论是通过培训还是在线学习，最终帮助农民实现移动商务端的熟练应用，对农产品的网络销售和交易产生真真切切的效益，依然有一段路要走。

移动互联网的普及，智能手机的大众化，对农产品电子商务是一次难得的发展机遇，建立和完善新的农产品网络渠道，并开展围绕网络渠道的一系列服务，才是电子商务服务企业需要努力的方向。

38 电子商务平台可解决农产品流通的哪些难题?

2014年中央1号文件第十三条提出要“加强农产品电子商务平台建设”。这是继2010年和2012年后，中央1号文件再次涉及农产品电子商务并进一步做出明确部署，有着深刻的意义。农产品电子商务的发展是一场全新的革命，为解决我国农产品流通领域长期存在的多种问题提供了新的契机。

(1) 解决流通环节过多的问题

流通环节过多、流通成本居高不下是我国农产品产销过程中的一大痼疾。从农产品流通环节看，从在农村一线收购的经纪人和商贩，到库存商和物流商，再到批发市场分销零售商，都需层层加价，而且有越往后加价幅度越高的趋势，零售环节“最后一公里”的问题尤为突出。农产品从田间地头到消费者手中，价格可能翻了好几倍，不仅吞食了生产者和消费者的利益，还使得农产品流通看起来像是一个暴利行业。但深入观察农产品流通各环节，除了零售摊位和货架具有自然的稀缺特性外，整个过程并没有明显的垄断，局外人完全可以自由进入。所以农产品流通的问题，主要还是由我国农业经营的特点导致的，即我国小规模的农业生产与消费市场的对接存在难度。即使是当前受到理论界普遍推崇的“农超对接”，也存在超市进场费用高、货款回收慢等弊病，并未很好地解决小农户与大市场的对接难题。

农产品电子商务的出现，为解决这一问题提供了希望。因为通过电子商务平台可以以较低的成本将小农户分散生产的产品聚集起来，这种聚集并不需要实物的移动，而只需将农户的出售信息汇总起来就能达到效果。如果进一步展望，当农产品电子商务高度发达时，还可以实现类似淘宝这样C2C的模式，即由农户直接向消费者发货，跨过前述农产品流通的诸多中间环节，当然这需要完善的物流体系来支撑，尤其是生鲜产品需要冷链物流的支撑。总的来说，电子商务可以大大缩减农产品流通的中间环节。

(2) 解决价格过度波动问题

近年来，农产品价格的大幅波动受到了社会各界的热切关注，还催生了“蒜你狠”“姜你军”“豆你玩”等一系列新词。农产品价格波动大，其中一个原因是供给反应存在滞后，农户根据价格上涨或下跌决定扩大或缩减生产，但农作物的生长还需要一个自然周期。更重要的是，前面提及的流通环节过多还会导致价格信号失真。如在零售环节，消费者付出的价格已经很高了，但经过中间环节的层层过滤之后，在农户那里出售的价格可能并不高，影响了农户扩大生产的积极性；或者在农户那里售价已经很低，甚至宁可烂在地里也不去采收，但经过多道中间环节后，零售价却并不低，打消了消费者增加购买的意愿。

农产品电子商务的发展可以在很大程度上解决价格信号失真的问题。除了缩减农产品流通环节外，电子商务平台还可实现每一笔交易详情全程公开，农户和消费者都可以明白地看到最初收购到最终零售每一个环节的价格，从而使市场中各类主体可以及时准确地决策，充分发挥价格信号的引导作用，最终减缓农产品价格的波动。

(3) 解决农产品质量安全问题

农产品质量安全是当前又一备受关注的热点问题。近年被媒体曝光的“毒生姜”“毒韭菜”等质量安全事件，一定程度上已引起了消费者的恐慌。但由于劣质农产品的危害具有隐蔽性、累积性等特点，这个问题解决起来难度很大。从理论上看，解决质量安全问题最好的办法是由生产者提供具有显示性的质量安全信号，主要有创建品牌和建立质量可追溯体系两种办法。但对于我国分散经营的小农户来说，创建品牌和建立可追溯体系都很难实现，所以农产品质量安全成了一个老大难的问题。

但农产品电子商务平台的发展，为解决质量安全问题提供了全新的契机。首先，电子商务具有低成本的聚集效果，能在农户分散生产的情况下实现建立统一的品牌及可追溯体系，并且电子商务本身具有交易过程可查询、可追溯的特点，有助于强化质量信号。其次，电子交易可以方便地进行质量细分，在网上实行区别报价，通过“优质优价”的原则鼓励农户生产优质农产品。最后，电子商务平台还可建立客户打分、评论等互动机制，最终通过大数据技术实现对原本隐蔽的农产品质量的挖掘和显示。

39 农产品电子商务平台的建立有哪些好处?

电子商务平台是为企业或个人提供网上交易洽谈的平台。农产品电子商务平台就是一个为企业或个人提供农产品交易洽谈的网络平台。农产品电子商务平台的建立有哪些好处呢?

(1) 信息及时

信息时代，交易的不仅仅是实物，更重要的是获取信息的速度与渠道。农产品是一种特殊的商品，产品周期短，易腐烂或过期。成熟的农产品必须及时流通出去，对求购信息的准确及时要求特别严格。必须做到准确、及时、快速这三个特点。

(2) 市场大

农业本身落后于工业的发展，农业的流通范围也受到很大的局限。传统的农业流通只能先从县到市再到省，最后到全国，需要不断地建立更多的流通中心。农产品电子商务平台的建立，大大地提高了农产品交易的跨区域性，大大扩大了市场范围。省去了交易过程中的多个环节，可以直接从果农、蔬农手中求购各类农产品，同时也大大降低了企业的采购成本。

(3) 交流方便

互联网的便利在于让人们交流起来更加方便，无论是远隔千里，还是近在咫尺，都如面对面的交流。农产品网上农业商圈的建立，将各行业各地区的农户很好地连接在一起，让他们更好地进行交流，互相学习经营经验。

40 农产品电子商务平台搭建中存在哪些问题？

农产品电子商务仿佛一下子成了很热的词汇。加上国家连续十年 1 号文件的发布和实施，农业的关注度倍增。围绕农产品这个农民最关心的重点以及屡屡出现的“买贵”“卖难”问题，各种农产品电子商务平台纷至沓来。

农产品电子商务的兴起有着农业发展的深刻背景，随着农业产业化的发展，优质农产品需要寻求更广阔的市场。传统的农产品销售方式难以在消费者心中建立起安全信誉，也难以确证生态农业基地生产的优质农产品的价值，很多特色农产品局限在产地，无法进入大市场、大流通，致使生产与销售脱节，消费引导生产的功能不能实现，农业结构调整、农民增收困难重重。

基于此现状，搭建农产品电子商务交易平台，引领了我国传统农业向信息化、标准化、品牌化的现代农业转变，促进特色农产品走向高端发展路线，成为了迫切想帮助农民脱贫致富、增效创收的主要服务动力。无论是各级政府部门，还是多数有志于农业发展的企业机构，都把农产品的供求对接电子商务化作为切入点。

农产品电子商务平台起码是能覆盖农产品生产、销售、供应等各个环节，以农产品供求对接为基础，包括信息、质检、交易、结算、运输等全程电子商务服务，具备这样的网络平台才算是平台。其他的就是农产品电子商务网站而已，提供产品的发布和检索，提供产品的展示和推广，这是远远不够的，这也是目前我国农产品电子商务平台建设中存在的主要问题。

(1) 无论单位大小，一律建设网站，并称之为电子商务交易平台

出于对农产品发展现状的忧虑，各方协力推动农产品电子商务是非常好的路子。但不管是一个区还是一个市，或者某一个机构，无论大小单位都搞平台，这种大跃进的方式是要不得的。与之相伴的是，往往通过新闻稿或者其他一些方式，实现所谓上线当日交易量突破多少，在线商户达到多少。可是过后一看，哪里有什么访问量，商户的注册量也无迹可寻。这种典型的形象工程是非常有害的。农产品生产和经销者迫切希望能实现农产品的电子商务交易和信息互通。这样的平台屡屡邀请他们参与却带不来实际的价值，只能伤害他们对农产品电子商务的积极性。

(2) 注重信息的表达，缺少电子商务相关的配套服务

根据联兴农专家团队的调查，几乎九成农产品电子商务平台属于伪平台，严格来说仅

是一个信息展示网站，里面所发布和推广的更多是纯粹的信息，无非是公布产品和联系方式，潜在客户可以直接电话咨询或者接洽，没有相关的在线交易或者互动的成分。这种信息展示的形式对于推动农产品发布是有益的，但对于产品的发布频次、产品描述、产品特点、优质卖点等，均缺乏必要的服务支持，完全是原生态的，合作社发上来的是什么样就是什么样，内容可阅读性差，产品特质提炼匮乏，产品图片千奇百怪，也没有相关的指导手册可供参考。网站应注重信息的优化，培养服务意识。

（3）忽视农产品的区域化，完全行政化的划分方式不利于产品流通

农产品作为独特的生物产品，和气候、地理环境有着密不可分的关系，即使是大棚蔬菜和温室种植，都和当地的自然条件息息相关。特定的区域所种植和养殖的农产品是有区别的，更多的商务平台尤其是具有机构背景的平台往往通过行政划分进行资源整合。政府在农产品电子商务化的过程中扮演着重要的角色，但不代表就要亲力亲为，市场有自己的调节方式和发展路径。如蔬菜的物流配送，受当前中国冷链物流局限性的情况下，辐射范围有限，针对生鲜的流通和销售也应根据区域特点让市场来调节，这也是当前产地和销地批发市场快速发展的原因。许多比较成功的电子商务平台多数也是基于批发市场开展的辐射和延伸。

（4）轻视农产品网络渠道的拓展以及相关服务的持续提供

对农产品销售而言，更重要的是如何建立有效且稳妥的销售渠道，传统的产销两地批发市场和农贸、农超对接提供了产品的流通渠道，但对于网络来说，这方面基本还属于空白。对全国近 60 万家农业专业合作社而言，在互联网和移动网络发展的今天，利用好网络工具破除一些推广和流通上的壁垒，以相对低廉的成本开拓销售通路是最重要的。如果能同时开展农产品网络渠道服务，给农产品的网络化销售通路建设提供更多有价值的选择项，就不会出现诸如“农民含泪、市民喊贵”的怪现象。

总体而言，农产品电子商务平台的发展是大势所趋。但在这个过程中，除了商业化的考虑，作为农业从业者要从当前的农产品销售现状着手，通过帮助农业专业合作社建立网络销售渠道，提供一些扎扎实实的服务，而不是炒概念。网络渠道给农产品电子商务提供了一次难得的发展机遇。无论在广告效果、产品销售还是品牌提升方面，网络渠道服务的作用是多方面的。利用手机客户端和互联网平台，实现会员信息的实时提交，让农产品实现随时随地销售，建立并完善网络销售通路，善莫大焉。

41 我国农产品电子商务网站有哪些经营形式？

2013年，我国农产品持续大丰收，农产品总产量近20亿吨，农产品电子商务得到了迅速发展。据统计，在全国3.1万家涉农网站中，电子商务网站3 000多家。各网站经营形式主要有五种：

(1) 农产品网上期货交易

2013年，农产品网上期货交易品种达到16个，交易额达31.53万亿元。

(2) 大宗商品电子交易

可食资源方面包括酒类、农产品、林产品、牧渔产品等10多个行业。其中农产品网上交易市场161家，酒类17家，交易额超过10万亿元。

(3) 粮食网上交易十分活跃

据国家统计局资料，2012年全国有亿元以上粮食交易市场111个，交易额达到1 641.26亿元。据中国粮食行业协会统计，2013年国家粮食局系统有粮食市场65家，网上交易额接近2 000亿元。

(4) 政府部门组织网上对接交易会

商务部、农业部、中华全国供销合作总社等部门组织网上产销对接交易会。商务部夏冬两季组织农产品网上交易会，交易额达到839.33亿元。

(5) 各类农产品网络零售模式

2013年，生鲜农产品电子商务得到迅速发展，生鲜农产品成为第四大类网上热销产品。如淘宝注册地在农村（含县）的网店达到203.9万个，比上年增长24.9%，交易额超过500亿元。京东生鲜农产品网络零售交易额超过100亿元。

42 当前的农业类网站建设存在哪些问题？

互联网的发展对农产品销售体系产生了巨大冲击。联兴农开展的农情调查发现，大部分农业生产者和合作社群体对农产品电子商务的认识有误区，认为家里有台电脑，能上网发布自己的农产品信息，偶尔接到几个客户的电话，就算是实现了电子商务。农产品发展需要电子商务的推动，现在的农业类网络环境究竟怎样呢？

(1) 农民信息资源占用少，农产品信息普遍存在小、散、乱现象

网络营销的概念深入人心，无论是土特产还是有机蔬菜，在网上发布的信息是一波接着一波，这是好事。但也要看到，现在的农产品信息普遍存在着一个问题：小、散、乱。据初步统计，当前的农业类相关网站数量已经超过了 4 万家，其中政府主持的超过4 000家。但研究发现，这些网站有 43.8%属于僵尸站，几乎没有信息更新。还有一部分信息是利用采集器发布的，同一时间可以更新上千条供求信息。在这样的网站上发布农产品信息效果微乎其微，反而恶化了农产品网站的发展环境。

(2) 网站良莠不齐，规模化程度低，缺少门户网站、精品网站

我国农业网站数量多，但缺少居行业领导地位的权威网站。农业网站各自为战，难以形成精品和规模。我国农业网站虽然发展迅猛，但网站总体规模显然满足不了我国农业和农村经济发展的需要。现有农业网站页面复杂，使得互联网水平不高的农民搜索新闻困难；农业网站互动性不强，用户的参与渠道尚不够健全，缺少农民与网站信息发布人员、农民与专家之间的互动。网站只是相应机构的信息发布平台，没有形成以为客户为中心、以服务为宗旨的网站平台。

在现有的农业网站中，几乎没有一家农业网站具备类似“新浪”等综合网站的社会知名度，能让农村干部、农业专家、农民朋友挂在嘴边的农业网站寥寥无几。

(3) 农产品发布过于注重产品，往往忽略了品牌和整体形象的打造

多数成功的农产品销售者不仅仅偏重产品，还注重对整体生产形象的塑造和传播。如利用大众的媒体手段，包括微博、微信、博客、新闻等形式，推出企业良好的生产环境和品质的特征描述以及其他有趣味的小故事，间接融入相关的优质信息。因为农产品的生产需要自然环境、人文地理方面的因素，是一个逐渐积累的过程。如果撇开这些，单纯强调生产地环境优美，配几张图片，达不到良好的效果，对农产品的优质形象也是一种伤害。正因为这样，才有那么多的特色农产品依旧默默无闻。

农产品网站要把客户当成真正的服务对象，进行全面的指导而不仅仅是帮助发几条产品信息。农产品电子商务是一个系统的工程，没有深入的、踏踏实实的服务是不行的。农产品生产者希望更完整的网络渠道服务，不是发一两条信息、接一两通电话那么简单。随

着网络逐渐走向手机终端，这是个全新的领域，对农产品而言，更容易直达终端，也给许多从事农产品电子商务的人提出了新的命题。

43 农产品电子商务究竟难在哪里？

近年来，随着中国农业逐步产业化，优质农产品的产销问题成为新的关注点。如何根据消费需求开拓更广阔的市场，如何突破农产品销售的物流瓶颈成为农业电子商务发展不可回避的大问题。传统的农产品尤其是许多特色农产品大部分局限在产地周边，进入大市场和大流通的渠道出现脱节。所以，如何拓宽农产品的销售渠道、实现生产基地和消费市场的对接，将是发展的重点。

实现农产品农户生产与市场销售的有效对接是长期困扰农业发展的重要课题之一。纵观关于农业的电子商务研究，无论是政府主导型的G2B与G2C模式，还是涉农营销企业为主体的B2B、B2C或B2B2C模式，目的都是实现两个市场的对接，即产品市场和消费市场的对接，就是所谓的M2M（Marketing to Marketing）模式，这里面的Marketing更多的强调了营销机构间的互动交流、实现对接。无论是农业种植户还是一些规模化的种植基地，都存在着一个问题，如何抽出精力来了解行情、关注价格、发现市场和销售产品。而作为另一个Marketing，主要是消费端的反馈和调整。随着信息化进程的不断推进，通过电子商务的方式建立能适应大市场信息传递和交换需要的现代农产品产销市场服务体系已经成为农业发展的现实选择。

信息流的不通畅，必然导致其他流通出现问题，才会导致“菜农低价卖不出，市民消费高价菜”的奇怪现象。因此，如果采用“农产品经纪人＋服务站＋网站”的运营模式，企业或者个人将产品委托给一个营销机构或个人（中间代理人），营销机构或者中间代理人通过信息共享模式，互动匹配交易。营销机构是电子商务网站以客户需求为核心建立的营销型站点，中间代理人可以与营销机构建立合作关系，通过线上和线下多种渠道对产品和服务进行推广，通过站点为企业提供重要营销渠道。

信息流的问题如果能够解决，将对农产品的流通提供重要的参考坐标。简单说，如果在全国以省、市、县为单位，在县内建立10个以上的信息服务站，农业经纪人将信息上传于当地的信息服务站，整合当地的农业信息，在买卖双方交易后收取少量的佣金为收益。这对于盘活农产品的电子商务具有一定的参考价值。此外，为使电子商务更好更快地发展，加强农产品电子商务的标准化和品牌化建设迫在眉睫。农产品电子商务发展，任重而道远。

44 要做大农产品电子商务，将面临哪些挑战？

农产品电子商务面临挑战

以现货交易为主的农产品网络交易平台上海五鑫农产品交易网上线前试运营了一个月，成交额仅4 000万元。按照企业收取千分之六的中介费算，仅入账 24 万元。而该公司已经为此项目投入了 1.56 亿元，如果持续维持这样的效益，企业资金很难支撑太久。

目前我国农产品传统交易渠道复杂，环节繁多，流通成本过高。按照目前的流通渠道，以蔬菜为例，蔬菜从农户或合作社出发，经过各地收购商、大型农产品产地市场、产地批发商、销地批发市场、销地经销商，走一圈到达消费者手中时，价格至少比农户出售时翻了一番。

而通过农产品网络交易平台可以省掉大量中间渠道，实现从合作社到终端销售市场的直接对接，通过网络交易平台可使农产品价格至少下降 30%。同时，平台还有优化农产品资源配置、节省农产品物流费用等优点。

事实上，国内仍鲜有做大的农产品电子商务平台，要做大农产品电子商务，仍有多道难关需跨越。

截至目前，真正能够做成功的农产品电子商务平台并不多。业内人士表示，多家农产品电子商务公司“前仆后继”的背后，凸显出产业发展困境重重，农产品电子商务要想成功尚需跨越“三座大山”。

(1) 标准化难题

农产品标准化是农产品电子商务的重点和难点，无法标准化就很难实现线上交易。虽然电子商务是大趋势，但是农产品标准化的道路漫长且艰难。

(2) 农产品质量管控

农产品质量管控也是横亘在农产品交易平台面前的一大难题。作为食品安全第一责任人，电子商务平台必须控制好网上所售农产品的质量安全，一旦平台做大，企业就必须要投入大量精力保障食品安全。

(3) 农户与消费者对接

如何将多而散的农户以及消费者对接好也是一大难题，虽然目前国内已经有部分农业合作社等形式，但是超过七成以上的农产品仍由散户提供，而消费市场上最末端的消费者也是数量庞大且分散，如何对接好需求两端是一大难题。

45 农产品电子商务的发展有哪些销售手段的创新？

农产品流通是指农副产品中的商品部分，通过买卖形式，实现从农业生产领域到消费领域转移的一种经济活动。农产品独特的生物属性和商品属性决定了其在流通上与工业品的不同特点，工业品流通相对简单、容易，流通效益也高。而农产品中，棉麻品、粮食、肉类、果品、蔬菜，流通难易程度依次增高。

从生产特性看，农产品生产受季节性、地域性、弱质性（脆弱性）、周期性等特点制约；从商品特性看，农产品天然的生物属性，使其具有易腐性、非标性等特点；从物流特性看，农产品的物流具有相对独立性，对技术要求高、专业性强、难度大，同时又具有季节性和地域性特点；从消费特性看，农产品的消费具有小批量、多品种、快变换的零细性，同时又具有全年性、经常性、需求刚性、习惯性。

农产品流通与工业品流通的相关特性比较

	生产特性	商品特性	物流特性	消费特性
农产品	规模与小生产并存； 季节性； 地域性； 弱质性（脆弱性）； 周期性	易腐性； 笨重性； 品质差异大（非标性）； 价格波动大	相对独立性，对技术要求高、专业性强、难度大； 加工增值； 季节性和地域性； 从农村流向城市	零细性（小批量、多品种、快变换）； 全年性、经常性； 需求固定性（刚性）； 习惯性
工业品	规模化生产； 全天候	耐储存； 标准化； 价格波动小	易运输； 流向范围广	耐用； 可替代性； 需求弹性

上述农产品在流通上的诸多特性使农产品在传统的流通模式中会遇到很多问题。对经营者而言，不确定的销售增加了库存成本和耗损风险；对消费者而言，既需要为这些增加的成本埋单，同时又只能接受在冷库中存放许久，或者是七八成熟时就摘下而后化学催熟的农产品。但是在电子商务的流通模式下，农产品的信息流由以前的“单向延迟、线性传递、被动接受”变成“双向即时、网状连接、推拉互动”，生产者可以和消费者直接互动，消费者之间也可以横向交流，从而使得很多创新的销售方式有机会和有条件得以实践。在2013年整个农产品电子商务的发展中，可以看到许多这样的创新和趋势。

(1) 预售模式走向成熟

在以电子商务为主导的农产品流通模式下，以销定产的C2B预售模式显示出了优越性。基于电子商务的预售模式汇聚了全国乃至全世界各地的原产地农产品，并通过网络预售定制模式减少农产品中间环节，对生产者和消费者都不无裨益。当生鲜农产品尚未收获时，就提前在网上售卖，收集完订单后，农民才开始采摘，安排发货——这样的预售模式让产地能够按需供应配送，大大降低农产品的库存风险、生产成本和损耗。消费者由此也能够获得最新鲜、性价比最高的原产地农产品。

2013 年天猫预售平台预售农产品的单品销售额分布

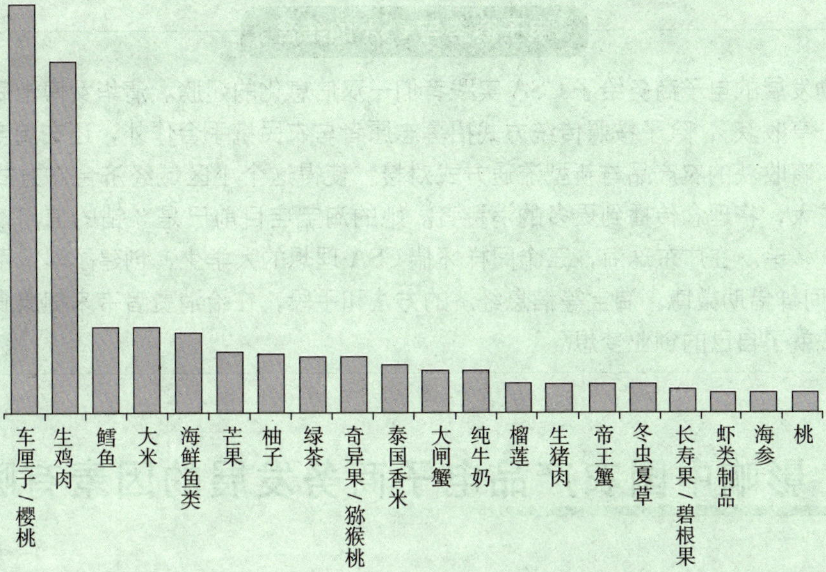

以天猫预售平台"喵鲜生"为例，2013 年完成农产品销售 2.6 亿元。生鲜类目是使用预售方式最多的农产品，销售 1.98 亿元，占比 76%，其中车厘子/樱桃为最大预售单品，完成4 532万元的销售额。除此之外，聚划算、淘宝"特色中国"等平台也密集开展了各类生鲜农产品的预售活动，包括新疆葡萄、云南鲜花和松茸、山东樱桃、贵州茶叶、千岛湖有机鱼等区域性特色农产品也都创下了惊人的销量。整个行业中，农产品的预售模式已经越来越普遍，各种规则和服务也越来越走向成熟。

(2) 周期购模式的尝试

一部分农产品在需求上表现出了很强的周期性特征，如粮、油、牛奶等，它们已经成为消费者必不可少的日常需求。在传统的流通模式中，消费者需要定期去市场或超市进行采购。电子商务环境下，则有条件使这件事变得更加便利。

在 2013 年"双 11"购物节活动中，针对上述有周期性需求的农产品，天猫尝试推出了"周期购"模式，消费者可以一次性采购半年或者全年的粮油奶等商品，而后卖家根据约定，按周或按月给消费者配送粮油产品。通过这种销售方式，消费者省却了日常频繁下单的麻烦，卖家或供应商也可以有针对性地调配库存，并为施行订单农业提供了基础和条件。

(3) CSA 与电子商务的结合

CSA（社区支持农业）的概念 20 世纪 70 年代起源于瑞士，并在日本得到最初的发展。当时的消费者为了寻找安全的食物，与那些希望建立稳定客源的农民携手合作，建立经济合作关系。21 世纪以来，CSA 的理念和实践在我国悄然兴起，但与国外不同，我国的CSA是从生产端开始的，即一群有理想的志愿者和农户生产出安全优质的农产品，但较高的成本却很难找到合适的消费者。

电子商务与CSA的结合

蓬勃发展的电子商务给了CSA实践者们一双信息化的翅膀。清华女博士后石嫣创办的“分享收获”，除了按照传统方式招募志愿者与农民携手合作外，还在淘宝上开设了网店，将收获的农产品与新型流通方式对接，使得这个小区域经济合作方式随着网络逐步扩大，将理念传播到更多的消费者。她的淘宝店目前已是3钻的信用，月销量达到200多笔。在广东珠海，三个同样怀揣CSA理想的大学生，创建了“绿手指份额农园”，同样借助微博、淘宝等信息经济的方法和手段，在给消费者带来健康食源的同时，也成就了自己的创业梦想。

46 影响中国农产品电子商务发展的因素有哪些?

目前全国涉农电子商务平台已超3万家，其中农产品电子商务平台已达3 000家。然而，农产品电子商务亏本运营却是行业现状。其中，“菜管家”运营4年来总计投资3 500万元，到目前仍是亏本运营；武汉“家事易”在短短两年半内电子菜箱覆盖了1 200多个社区，累计投入6 000多万元，虽然每日成交量不小，但基本上都是亏本支撑……是什么原因影响了中国农产品电子商务的发展?

(1) 传统的B2C思维

这是很大的一个误区，很多电子商务平台认为一个线上B2C平台，通过导流量，客户就会到线上购物了，其实错了！农产品电子商务千万不能以传统的B2C思维去运作，那样做绝对是死路一条。顾客买的不仅仅是产品，还是健康生活，因此农产品电子商务需要让消费者从商品背后的故事、种植基地、采摘体验、物流体验、可追溯、供应链可视化等维度全程展现，所以用传统B2C的思维来运作农产品电子商务是致命的。

(2) 目标人群定义偏离、营销策略走弯路

农产品电子商务如何产生流量是大家都关注的问题，需求上讲，这个市场还属于培育期。目前农产品电子商务的目标人群以都市女性白领为主，有追求健康生活和互联网购物的需求，此外还有时间成本过高的“高富帅”。如果非要将目标锁定在“吊丝”，满足那些“二两瘦肉＋两颗白菜＋三根蒜苗”的需求，那注定就是一个结果：累死、亏死。很多农产品电子商务满地撒广告，把男人、老太太都锁定在内，那绝对是跑偏了！所以，如何实现目标客户的精准营销，是个大农产品电子商务思考的问题。下一个农产品、生鲜电子商务的爆点是“90后”家庭主妇，农产品电子商务必须重视这一类人群。

(3) 会"电"不会"商"

"基地整合＋营销＋流量＋交易＋供应链服务＋口碑营销"，这个闭环是农产品电子商务缺一不可的。当前不少农产品电子商务存在重大的经营管理误区，认为工作中心在"营销＋流量＋交易"三项，仅重视"电"而忽视了"商"。其实真正要实现盈利，关键在"商"，农产品电子商务后端服务的角色没有做好，前端的营销、流量都是噱头。

(4) 伤不起的客单价与物流成本

客单价是农产品电子商务致命的伤。根据行业数据，如果客单价低于200元，物流成本和损耗将亏出血本。就目前农产品、生鲜电子商务的经营情况来说，每单40元的物流成本和损耗是必然的。因此如果客单价起不来，物流成本降不下去，就没有办法实现盈利。就连"顺丰优选"做高档的进口食品和应季商品，在选择品类上也会从客单价上进行定位。

(5) 缺乏一体化的采购基地整合

忽视对基地的整合是当前农产品电子商务面临的问题，很多农产品电子商务仅仅是以定向采购方式与基地合作，谈不上打造什么战略协同的供求关系。以市场导向来指导基地有计划地种植产品，在国内还仅仅是一种远景。

采购基地的整合，其商业价值不仅仅是质量的保证，更是品牌化、集约化采购和需求协同的重要方式，是降低成本、降低浪费、获得利润的重要手段。

(6) 客户体验是双刃剑，一次不愉快的购物体验，会丢掉一大群客户

将客户一个不满意的订单置之不理，这是最大的失误。"吃货"的口碑传播非常厉害，如果出现一个不满意的订单，将波及一大群客户。未来的农产品电子商务一定要培养忠实的吃货粉丝群，这是粉丝经济发展的商业价值，拴住一个人就可能拴住一家人，更有可能拴住一群人。

(7) 必须面对本地化问题

电子商务的趋势正在往社区迁徙，趋势是"线上社区＋线下社区"，而且商业模式的变化发酵迅速，本地化O2O已成为必然趋势，据统计，现在60%～70%的消费发生在3千米之内。所以农产品电子商务如何线上打造吃货的圈子，线下打造体验的圈子，成为本地化融合的重要策略。

不从本地化入手，一定会亏。由于农产品受商品质量、物流限制等因素，建立本地化的服务体系是必然的趋势。除非是高附加值的商品，在不计成本的前提下是可以实现的，其他的大众农产品必须定义在本地化。

农产品电子商务的本地化，趋势是要和社区服务站、便利店等机构整合，传统的B2C电子商务要渗透到社区末端，需要庞大的运营支撑，而且需要较大的资金和人力整合。

(8) 社会化成熟的冷链物流是农产品电子商务的心头之痛

农产品电子商务，冷链是永远无法回避的问题。不仅仅要建库房，同时还必须要有冷藏+冷冻的混合配送车辆，以及冷藏周转箱及恒温设备，否则再好的商品，送到客户那里都会成问题商品。冷链的投入不是一般的农产品电子商务企业能够承受的，连续的资产投入，投资回报周期长，这都是农产品电子商务所面临的问题。即使有资本投入，但订单的季节性和不稳定性，会让运营成本大大浪费。社会化的冷链物流队伍，集约化、专业化的管理成为整个农产品电子商务急需的资源。

47 农产品电子商务亟待解决的问题有哪些？

(1) 农产品地方馆有一哄而起之势

据了解，在淘宝网上开设“特色中国”地方馆，有比较严格的准入条件，其模式是“政府+运营服务商+第三方电子商务平台”，平台推广促销费用动辄百万元以上。农产品电子商务是一个发展趋势，但要按经营能力和地方发展条件循序渐进，不能一哄而上，避免重复建设，造成浪费。

(2) 促销活动频繁使销售成本上升

淘宝网是免费开店的。天猫只接受取得国家工商行政管理总局商标局颁发的商标注册证或商标受理通知书（商标为R或TM状态）的自有品牌企业开店，在天猫上经营必须缴纳保证金：品牌旗舰店、专卖店带有TM商标的10万元，全部为R商标的5万元；专营店带有TM商标的15万元，全部为R商标的10万元。此外，还需缴纳技术服务年费，农产品类目的为3万元。第三方平台是综合性的网购平台，农产品网店往往被淹没在其他网店之中，要吸引消费者的网购欲望，需要参加第三方平台的推广促销活动，活动种类多、收费形式多，稍大一点的网店一年仅促销的广告投入就需要20万～30万元，一般要占到产品交易额的5%～10%。参加促销活动的目的是增流量扩销量，基本是微利销售，甚至是亏本销售。主要是为了提升网店的流量，聚集人气，类似实体超市的促销活动。调查对象普遍认为，收费推广促销活动的宣传效果远远好于其他一些宣传方式，有些网店因为这种方式的宣传费用过高而选择放弃，因而影响到销售量。随着网店的增多，这种竞争会越来越激烈。

(3) 农产品电子商务的诚信与信誉问题

上网销售的农产品很难保证都是原品牌业主生产的，消费者分不清正牌销售与冒牌销售，农产品的口感、颜色、形状、大小等都不同，即便相同产品也有一定的差别，很难有具体的标准来管控，以次充好的现象时有发生，从而引起差评、投诉和纠纷。淘宝对一般商品有相对较强的控制力来解决信任度问题，包括买家确认支付，如果买到假货可以由淘宝先赔钱等，但对于农产品，淘宝也很难解决诚信方面的问题。

(4) 农产品物流配套培育不足

农产品与工业品不同，是有生命的动物性与植物性产品，有季节性、易腐性、品种多、级差大、保鲜难等特点，在物流过程中对包装、装卸、运输、仓储有特定的要求。目前生鲜农产品只限于在高端消费人群和团购单位做配送，水果、水产的网上销售大多集中在城区范围内配送。整体上冷链物流能力不够，物流经营难度大、成本高。

(5) 农村电子商务人才缺乏

开网店不仅要有货真价实的产品，还要有营销手段，如网店美工、产品摄影、产品介绍、信息采集、在线客服、营销推广、行情分析、促销活动策划，以及在 QQ、微博、微信、论坛传播产品信息等，都需要有计算机和网络知识实际操作技能的人才，但当前此类人才供需矛盾突出。据调查，66.8%的受访对象反映招聘困难，有经验的美工、摄影、文案等员工年薪均超过 10 万元，对中小型农产品电子商务企业来说压力很大。同时，受地域经济水平、人文环境、待遇、企业文化等各种因素影响，技术人员流动频繁。据调查统计，有近 30%的受访对象受此困扰。

(6) 电子商务法规建设滞后

近几年，物流、支付、安全认证等电子配套有所发展，但还跟不上电子商务的发展速度，尤其是物流配送的服务质量、网络安全和信息保护等需要进一步提升。尽管现有法规对一些经济活动有相关规定，但在互联网上，商业模式和经营方式不断创新，很多经济活动难以用现有法规来规范，加上网络违规行为具有迷惑性和隐蔽性，所以亟须加快电子商务法规体系建设。

48 移动终端如何与农产品电子商务相结合？

随着移动互联网的快速普及，在硬件设施逐渐改善的同时，农产品电子商务的发展也进入了快车道。多种政府性平台和商务型交易网站先后宣布上线。

移动商务端的发布给农产品电子商务的发展带来了新变化。但也应该看到，针对农产品的网络化、电子商务化，最大的困难依然是如何更为专业、更为高效地发布信息，农业从业人员在信息的完整性、科学性发布上依然不得要领。这里面包括对农产品特殊卖点的提炼，农产品在线展示的摄录要领，发布时间节点和发布频率，都需要继续进行帮助和扶持。工具不代表一切，抛掉一根网线一台电脑，依然有很多的工作要做。在这方面，政府可以扶持，企业可以帮助，无论是通过培训还是在线学习，最终帮助农民实现移动商务端的熟练应用，对农产品的网络销售和交易产生真真切切的效益，依然有一段路要走。

移动互联网的普及，智能手机的大众化，对于农产品电子商务是一次难得的发展机遇，建立和完善新的农产品网络渠道，并开展围绕网络渠道的一系列服务，才是农产品电子商务服务企业需要努力的方向。

49 移动电子商务在我国农业中的应用现状如何？

随着移动通信技术的成熟，功能强大的移动终端的普及，移动电子商务在全球范围内得到快速发展，尤其是在韩国、日本，移动支付、移动购物等应用日渐风行。在我国，手机用户规模更是迅速增加，为移动电子商务发展提供了巨大的发展空间。移动电子商务在旅游业、物流业、餐饮业、票务系统、教育系统、政府工作以及农业领域都有着强大的发展优势和无限的市场潜力。尤其农业作为国家的基础产业，移动电子商务在农业的应用取得了一定的发展。

（1）积极的政府支持

农业是我国的基础产业，国家历来都非常重视“三农”问题，并给予政策上的倾斜和资金上的大力扶持。农业部把新农村建设定为新时期的工作重点，并展开了积极部署，如实施社会主义新农村建设示范工程，创办“中国新农村建设信息网”等；工业和信息化部也积极推动“村村通电话，乡乡能上网”工程；2007年国务院颁发的《中共中央 国务院关于推进社会主义新农村建设的若干意见》里指出，要支持发展农产品直销配送、连锁经营、电子商务交易；2012年中央1号文件以科技为主题，首次就“全面推进农业农村信息化”“利用现代信息技术改基层农技推广服务手段和提高信息服务水平”“充分利用现代信息技术手段，发展农产品电子商务等现代交易方式”等，提出了明确要求。这一切都为移动电子商务在我国农业中的应用营造了良好的政策环境。

（2）基础设施建设有所改善

农村网络基础设施和信息服务能力的提高，为移动电子商务在农业的应用奠定了坚实的基础。截止到2013年12月底，中国农村网民规模达到1.77亿人，农村网民使用手机上网的比例已达到84.6%，全国100%的行政村开通电话，100%的乡镇开通互联网，75%的行政村基本具备互联网接入能力。在“信息下乡”方面，三大电信企业建成的“金农通”“农信通”“信息田园”等全国性农村综合信息平台已覆盖全国，向广大农户提供了丰富便捷的公共服务、便民服务和农产品交易服务。“信息下乡”活动进展迅速，全国近一半的乡镇建立了乡村信息服务体系。

（3）积极有益的实践探索

农业移动电子商务是农业信息化、产业化的必然选择。

近年来，移动电子商务在我国农业领域的应用从设想到现实，已经有几个地区进行了农业移动电子商务的有益探索。

移动电子商务在农业领域的探索

湖南省作为移动电子商务试点示范省，依托行业资源，采取“实体＋网络”“线上＋线下”“手机＋网站”的运作模式，搭建了集办公自动化、进销存、工作流、企业ERP、项目管理、即时通信、视频会议、手机短信等八大功能于一体的“网上供销社”农村移动电子商务和中小企业信息服务平台，打造了加盟店商品贸易中心、综合信息服务中心、物流集散中心、业务代办中心，开发了移动“供销通”手机服务平台，实现了买卖双方即时沟通、移动洽谈、在线交易。网上供销社使湖南省1 000余个农民专业合作社和上百万农户均可依托商品电子交易平台，与全省数百家农产品市场和大型超市实现供需直通，共享产品信息，减少流通环节，并节约物流配送成本。

佛山移动实施信息化“下乡、进村、入户”三大工程，从农户对信息的需求出发，利用手机终端和无线网络，推出了农讯通、医疗通、农村信息化等一系列服务，为广大农民打造了一个永不落幕的农产品交易会。

此外，近几年，在农业部的支持下，全国各地农业部门利用“12316”信息服务热线这个平台，积极对接各种信息资源，推进信息服务进村入户。如吉林省通过开通“12316新农村热线”“12582短信平台”以及整合广播、电视、报刊、网络等媒体资源，为农民提供技术推广、政策宣传、生产指导、市场把脉等涉农综合信息服务。

50 移动电子商务在农业中应用的阻碍因素有哪些？

虽然我国农业信息化建设取得了一定成绩，农业网站已形成一定规模，部分发达地区已经开始尝试移动电子商务，但是现有的移动电子商务实践较多集中在信息平台的搭建，涉农信息的共享，真正意义上的商务活动很少，移动电子商务的优越性还远远没有发挥。移动电子商务在农业中的应用仍然存在很多问题。

（1）客户群体不足

虽然已有越来越多的农户和农业企业认识到移动电子商务的重要性，但对网络本身的应用能力还普遍不高。虽然手机终端在农村的使用较为普遍，大部分农民都拥有手机，但其中相当一部分农民由于缺乏必要的网络知识，还没有开始网络应用，手机应用更多地停留在通信上，普通农民的网络使用在相当长一段时期内还非常有限。即使对于触网的手机用户，他们的网络应用更偏重于娱乐类应用，因为知识结构、观念等原因，对利用网络从事商业活动的概念还不是非常清楚，导致其对移动电子商务带来的巨大商机和利益持怀疑态度，使用无线网络从事商务活动的农户和农业企业更是寥寥无几。

(2) 农产品的属性、标准化、品牌化障碍

农产品和工业品不同，具有独特的物理属性，易腐烂、易变质，需要高质量的保鲜设备、运输设备，需要进行大量投资，这些对于处在弱势地位的农户来说难度较大。另外，我国农业经济以农户家庭个体生产经营模式为主，农民的生产加工能力低、效率不高，形不成严格的质量标准体系。近年来，我国农产品质量安全问题层出不穷，如“三鹿毒奶粉”“苏丹红”“毒大米”等，再加上我国多数农业企业不注重品牌建设，缺少品牌的市场化运作经验，尤其没有意识到注册商标的价值，这势必会制约农业移动电子商务的发展。

(3) 安全问题

移动电子商务应用涉及多方面的安全问题，如网络本身的威胁：通信内容被窃听，通信双方的身份被冒用，通信内容被篡改等；手机终端的安全威胁：手机病毒，手机易丢失等；移动支付手段不成熟，缺乏有效的安全保障，易产生安全隐患。许多用户不愿进行网上交易，也是因为对无线网络交易的安全性、可靠性持怀疑态度。移动电子商务的安全问题，不仅涉及技术问题，同时也涉及管理问题和法律问题。目前移动电子商务尚没有有关的法律体系，还只是停留在规范和通知的水平上，所起的约束有限，主要还是靠各方的自律。移动电子商务所涉及的安全问题以及相关法律的缺失严重阻碍了移动电子商务的应用。

(4) 农业中的移动电子商务专业人才缺乏

发展移动电子商务除了需要农民作为主体的积极参与外，还需要具有较强的商务意识、熟练地使用手机终端、掌握无线网络技术的专业人才，运用现代信息技术，提供及时、准确的农产品信息，对网络信息进行收集、整理，分析市场形势等。目前移动电子商务人才仍很紧缺，而且大部分人才主要集中在较发达的大中城市，很少有人愿意到农村地区工作，真正能服务于农业移动电子商务的人才非常少，这种现象严重阻碍了我国移动电子商务在农业中的应用。

51 移动电子商务在农业中应用有哪些对策建议？

(1) 加快农产品的品牌化和标准化建设

移动电子商务要求网上交易的农产品标准化、规格化、品牌化。标准化是农业移动电子商务得以广泛开展的前提，没有标准，就不能对农产品进行对比，就没有衡量农产品质量的依据。因此，一方面要大力推进农业规模化、产业化经营，规模化生产不仅是提高劳动生产率的需要，也是保证农产品规格化、标准化生产的基础；另一方面要加快制定农产品相关标准，建立农产品质量标准体系，推动绿色食品认证，实施品牌战略，主要农产品逐步实现产前、产中、产后全程质量标准监控，确保农产品质量。

(2) 培育积极参与移动电子商务的客户群

首先，要加强移动电子商务有关知识的宣传，提高移动电子商务在农户中的可信度。通过举办形式多样、生动活泼的移动电子商务宣传和培训，普及移动电子商务的应用方法和注意事项，扩大农户对移动电子商务的了解和认识。只有对移动电子商务有了正确的、积极的认识，才能实事求是地接受它。其次，利用各种途径不断提高农民的科学文化素质，强化农民的信息意识，使农户掌握应用移动电子商务的基本知识。只有农户对移动电子商务的相关知识有了了解并且具备一定的应用能力，才能形成实实在在的应用群体。

(3) 构建安全的应用环境

首先，从技术入手解决安全问题，通过研发新技术为移动电子商务提供安全保障，如加密、SIM智能卡、防火墙、安全认证等。其次，要加强作为应用主体的农民的安全意识，可以开展相关的宣传、培训，帮助农民建立无线应用的安全使用习惯。如充分利用各种密码（SIM卡密码、设备开机密码、设备屏幕保护密码、设备键盘锁密码），以保护信息安全。最后，还需要立法跟进。需要建立起保护交易安全的法律法规体系，对于破坏移动电子商务安全的违法犯罪行为有相应的惩罚机制，构建一个有利于移动电子商务发展的安全的法律环境。

(4) 大力培养移动电子商务人才

人力资源是经济发展的重要资源，人才对于农业移动电子商务的发展无疑是至关重要的。首先，各地政府可以通过网络远程教育或邀请专家，重点对农业龙头企业、养殖大户进行培训，帮助其成长为懂技术、会管理的复合型人才，成为推动农业移动电子商务发展的带头兵和骨干力量。其次，可以通过政策支持，加强移动电子商务人才的引进，鼓励、引导电子商务及相关专业的高校毕业生到广大农村开展工作，以弥补人才不足的现状。

52 如何做好互联网思维下的生态农业？

生态农产品并不一定是“小而美”的，大规模生产与生态农业并不存在本质上的矛盾冲突，事实说明生态农业的生产规模也可以扩大到一定程度。但现有的生态农产品市场存在一个核心的问题，即信息的不对称。如何通过各种手段解决信息不对称的问题从而有效建立信任，这是当前中国生态农业产业链面临的最大问题。

生产者可能因为信任缺失而失去订单，渠道商可能因为信任缺失而难以销售附加值高的生态农产品，电子商务平台可能因为信任缺失而轰然倒塌，消费者则可能因为信任的缺失而不得不在食品安全问题面前终日提心吊胆。信任就像生态农业产业链中的润滑剂，看不见，摸不着，但是缺了它，产业链难以平滑运作，链条上各个环节之间都会产生摩擦。而在充分信任的社会经济体中，消费者可以舒服放心地购买，不必担心生态农产品的质量问题，这样的产业就具备做大的基础。

大资本可以通过高额的广告费用减少信息的不对称，通过多种媒体手段迅速建立受众群体，树立产品的品牌形象，让消费者相信该品牌是货真价实的好东西。但农产品附加值相对低，如在生鲜农产品领域，蔬菜、水果、肉蛋禽类产品几乎没有全国性品牌。生态农产品相对常规农产品，因其环保、安全而产生溢价，但消费者如何能得知该产品是真正按照生态农业的操作规范做的？是否有溢价的价值？

互联网进入移动终端时代，越来越多的人把网络作为消费平台，卖家通过手机拍照，上传照片，添加文字描述，就算是开了一家店铺，只要保持手机和网络的联通，就能随时随地做买卖。买家通过手机浏览商品、下订单、手机支付，一切行为都变得如此简单。移动互联网与传统商超流通渠道相比，极大地节约了交易成本，提高社会经济运作的效率，但是，生态农业产业链中的信任问题并不因为移动互联网的便捷高效而增强。

移动互联网的平台跨越了时空的限制，平台更大更快，传统政府和社会的监管体系难以跟上节奏，鱼龙混杂的可能性就更大了，移动互联的这个特性对于生态农业产业链的信任而言是减分的。而网络又有利于信息的透明和传播，这又有利于加强产业链中的信任，避免互联网对生态农业产生淘汰。

53 鲜活农产品电子商务主要面临哪些难题？

鲜活农产品能否通过网络进行销售，如何解决仓储、物流难题，如何确保产品快速从基地送达消费者手中？

目前，网络上售卖农产品的网店数不胜数，越来越多的农业主体意识到互联网带来的发展机遇。但农产品在线交易情况却仍然不容乐观，许多人依然对如何应用电子商务形式充满疑惑，依然对电子商务的各种手段面临选择性难题。

（1）如何降低采购成本

降低成本最有效的方式是大批量采购。而大量采购之后又会面临库存积压和现金流的问题。如果是生鲜果蔬，又怎么能积压库存呢？

（2）如何降低物流成本

据中国科学院统计，我国生鲜果蔬农产品的流通成本占50%左右，成本太高。电子商务虽然能减少中间环节，从而部分降低物流成本，但是如果没有销量的支撑，小规模产品的物流成本可能会比传统方式更高。

（3）如何降低损耗，减少库存

电子商务并不能比传统销售更擅长解决这个问题。

(4) 如何保持农产品质量的标准化

因为农产品不像工业产品，受气候、土壤等影响，不同批次的产品质量、新鲜度很可能就有差别。

54 生鲜和农产品电子商务的产品战略有哪些？

生鲜和农产品电子商务成为电子商务的最后一个战场，最近几年各类生鲜电子商务以及有机食品和农产品电子商务层出不穷。根据不同产品，应采用不同的战略：

(1) 高附加值且易于做电子商务的产品

这类产品应该作为主打产品和主要盈利来源，包括一些高端干货、食用油、水果、牛奶和一些加工后易储存和运输的肉类。这些产品一方面附加值比较高，另一方面比较容易储存和配送。这方面有一些做得比较好的例子："农人网"主打干货、茶叶和一些容易储存配送的水果；"和乐康"主打美国进口有机牛奶；还有很多鲜果类的电子商务，其主要盈利产品也都是那些附加值高易配送且品质有保障的水果。

(2) 高附加值但不太易于做电子商务的产品

此类产品应通过各种创新让其更易于做电子商务。包括禽蛋类、冷鲜肉类、水产品类和一些蔬菜水果。这些产品主要是不太易于储存和配送，产品不标准，不太容易通过网络展示商品特性。但是可以通过创新来改变，如可以进行预售，以减少仓储时间和成本，淘宝、"本来生活"和"顺丰优选"均已经开始推出预售服务；也可通过包装进行改进，主要是如何进行冷链配送，还有就是如何防止碰撞，可以跟做得比较好的冷链配送合作；社区支持农业（Community Support Agriculture，CSA）的模式也可以改善这一点，这让农产品跟消费者更接近。

(3) 附加值低但易于做电子商务的产品

此类产品比较适合做微利多量（扩展市场份额、扩大用户数），或者提升某些产品的附加值，如一些干活类、米面（米面主要是太重，物流费用高）及一些根茎类蔬菜和某些水果。

(4) 低附加值且不易做电子商务的产品

此类产品主要是那些叶菜类蔬菜、豆制品、水产品。

55 生鲜农产品电子商务发展态势如何？

生鲜农产品一直是农产品流通领域的重点和难点，2013 年是生鲜农产品电子商务迎来爆发式增长的一年，在淘宝网（含天猫）平台上，生鲜相关类目（水产肉类/新鲜蔬果/熟食）连续两年保持最快增长，2012 年比 2011 年增长是 99%，2013 年呈现加速态势，增速更是高达 194.58%。

56 生鲜农产品网络销售高速增长的原因有哪些？

生鲜农产品之所以迎来高速增长，主要原因包括：

(1) 消费者需求拉升

随着网购概念在国内的不断普及，网购产品的重心也从新奇特产品向“衣食住行”相关的主流生活化产品转移，生鲜农产品和消费者日常生活关系密切。同时，电子商务的便利性也极大地拓展了消费者购买生鲜农产品的选择面，因此，越来越多的消费者开始尝试并接受在网上购买生鲜农产品。

(2) 电子商务平台的直接推动

由于生鲜农产品的特殊性，占领了生鲜农产品的高地，就等于占领了农产品电子商务的制高点。因此，国内各大电子商务平台均将生鲜农产品作为发展重点。如天猫 2013 年成立了专门针对全球优选生鲜农产品的“喵鲜生”业务，覆盖当季水果、新鲜水产、放心鲜肉和进口香米四个品类。

(3) 冷链物流、仓储等基础设施的改善

2013 年，包括青岛、廊坊、昆明、郑州、大同、广安、泰安、西安等多个城市均出现亿元级别的冷链基建投资。据中国物流技术协会冷链物流专业委员会统计调查，2013 年中国冷链物流固定资产投资就超过了 1 000 亿元，同比增长幅度高达 24.2%。2013 年下半年开始，“菜鸟网络”也在农产品冷链基础设施建设方面加大了投入。

(4) 生鲜农产品运营经验快速复制和品类突破

不同于传统商务模式，电子商务的一大特点就是经验的快速分享和复制，在包装、物流、配送、营销等方面的先进经验，能够通过互联网快速传播和复制，进而带动整个品类电子商务运营水平的提升，实现品类突破。以美国车厘子为例，2013 年年中天猫成功在线预售车厘子之前，整个车厘子品类的在线销售一直处于低位运行状态。天猫的大型预售

活动实现了该品类电子商务运营能力、消费者认知度的巨大提升，从而使车厘子迅速成为线上热销产品。

57 农产品电子商务将呈现怎样的发展趋势？

展望未来，农产品电子商务的基础设施将持续完善，更多的创新模式不断涌现，中国农产品电子商务将会继续高歌猛进，向前发展。

（1）农产品电子商务的交易额将继续扩大

有望在 2013 年的基础上再度实现翻番增长，生鲜农产品的比重进一步增加。

（2）专业化的农产品电子商务服务商崛起

在全国各地发展原产地农产品电子商务的强烈需求拉动下，一批专业化的农产品电子商务服务商将涌现，他们将成为连接地方政府、地方传统产业和第三方电子商务平台的有力纽带。

（3）跨境农产品电子商务崭露头角

更多优质的海外农产品将通过电子商务平台进入中国家庭的餐桌，同时，借助“速卖通”等平台，部分特色农产品的出口量也将显著提升。

（4）无线和 O2O 向农产品电子商务加强渗透

交易终端无线化，已经是我国电子商务的重要发展趋势，农产品面临同样的发展趋势，如何通过无线互联网拉进农业生产者和消费者的距离，以 O2O 的方式增强消费者体验，是农产品电子商务的重要方向。

58 我国农产品电子商务的发展趋势和走向如何？

2014 年中央 1 号文件首次提出“加强农产品电子商务平台建设”的论述，2014 年，涉农电子商务将得到快速发展，进入成长期。

（1）农产品电子商务集成模式将形成

企业 B2B 电子商务平台、B2C 电子商务平台等纷纷推出相应的集成交易模式业务，使各类涉农企业和农民能便捷地上网销售农产品、购买生产资料和生活资料、探索农村再生资源回收电子商务等。如广西糖网和江苏莱芜农产品储销集成模式将成为农产品大宗电子商务未来发展趋势。

(2) 农产品自营模式将日趋完善

农产品自营电子商务纷纷开放平台业务，采用自建物流和多种模式的其他物流，并下网建设体验店，实现网上与网下相互动，探索“平台＋自营”，形成立体交易模式。

(3) 农产品大宗商品交易市场将继续探索多种现货模式

多种现货交易模式包括买方挂牌交易、卖方挂牌交易、电子竞买交易、电子竞卖交易。广西糖网的物流金融模式、四川白酒交易中心的产业集群模式、安徽莱芜同盈储销网的交易集成模式等是创新发展趋势。

(4) 农产品电子商务物流配送将呈现六种模式

即自营物流配送模式、第三方物流配送模式、联盟物流配送模式、“O-S-O”物流模式、物流一体化模式、第四方物流模式。

(5) 农产品电子商务基地建设兴起

许多城市和地区计划建设各种不同类型的农产品电子商务基地，如龙宝溯源商城计划在北京昌平马坊物流园区建设我国第一家农产品食品安全示范基地；四川省成都市计划在2015年前，建设农产品电子商务示范点（基地）5个。

(6) 涉外农产品电子商务将得到进一步发展

据美国食品工业协会预测，到2018年，中国将成为全球最大的进口食品消费国，届时中国内地进口食品市场规模将高达4 800亿元人民币。与之相适应，我国农产品跨境电子商务将在政府的推动下得到进一步发展。

(7) 农产品食品安全溯源机制将更加完善

农产品电子商务特别是生鲜农产品电子商务必须注重食品安全溯源，如有机食品、无公害食品、绿色食品、中国地理标志产品等，都必须具备食品安全及可追溯的性质，否则就不可能长期生存和发展。

59 农产品电子商务的发展可能会遇到哪些制约?

尽管农产品网购案例“看上去很美”，但农产品电子商务依然面临许多瓶颈。农民网商发展面临缺乏宽带等基础设施、物流配送落后、学习机会少等问题。

(1) 基础设施瓶颈是主要制约因素

农民上网不方便，主要原因是没有宽带、没有电脑、上网费用高，制约农村上网的主要因素仍然是网络基础设施建设落后。解决这一困境需要国家和全社会的努力。此外，农村网民上网更依赖手机终端，农村新网民使用手机上网的比例高达 60.4%，因此，移动互联网的发展或许会在解决农村基础设施瓶颈上发挥重要作用。

(2) 物流配送制约农产品电子商务的发展

农民网商认为从事电子商务最大的因素是物流交通，解决不了这一问题，电子商务交易活动无法完成。反映物流问题较多的地区是宁夏、云南、湖南、新疆、安徽、山西、甘肃、贵州、黑龙江、青海等省份。此外，由于生鲜农产品的特殊属性，加快建设以冷藏和低温仓储运输为主的农产品冷链系统，对开展农产品电子商务同样重要。有资料显示，在北美 90%农产品用冷链物流，欧洲这一比例为 60%，而中国只有 18%。

(3) 管理能力、学习条件亟待提升

目前农产品网商大多是以家庭或个人为主的形态，店铺等级偏低，经营管理能力不足，学习条件严重缺乏。国家、社会应组织大规模的农民电子商务免费技术培训活动，加快我国农村电子商务的发展。

(4) 食品安全和认证依然是需要跨越的门槛

对许多从事农产品/土特产在线销售的卖家来说，尤其是个人卖家，食品安全认证是一个巨大的门槛，认证手续繁琐、认证费用高，安全认证的缺失带来了潜在的风险。从在线农产品来源的多样性和农户经营的实际状况看，按照传统的食品监管体系进行全部认证，缺少现实可行性。在探索适应电子商务的认证体系方面，淘宝网和地方政府已经做出了积极尝试，如淘宝网的电子台账、食品卖家承诺书，“特色中国”遂昌馆的食品安全保障体系等。未来在食品安全和认证方面仍需要更多的创新和尝试。

60 未来农产品电子商务主要面临哪些挑战？

由于农产品自身的特殊性，方兴未艾的农产品电子商务面临许多困难和挑战，主要集中在碎片化、运营、冷链物流和人才方面。

(1) 农产品生产碎片化现象严重，品牌化程度低

从生产方式来看，小规模、分散种植是我国农产品生产的基本格局。过于碎片化的小农经济，集中凸显了农业小生产与现代市场经济大流通之间的矛盾，因而容易造成局部滞销和“卖难”问题。同时，这种生产的碎片化，对农产品的质量安全监管提出了更高挑战。生产碎片化也造成我国农业品牌化程度低。我国农业生产者的知识结构和品牌保护意识较低，同种产品品牌多、规模小，很多农产品企业和农户各自为战，品牌没有得到整合，农产品竞争力低。在解决途径上，农民专业合作社给统一的农业生产模式提供了组织基础，电子商务平台则在建立全新的农产品流通模式、打造农产品品牌方面提供了快捷通道。

(2) 农产品电子商务运营亟待提升

从整体来看，我国电子商务已经跨越了初期的货源、营销等层次的竞争，而进入以运营为核心的阶段。同服装、数码等成熟网购产品相比，农产品电子商务的运营还处于落后水平。究其原因，一方面，国内专业的农产品电子商务服务商数量总体比较缺乏；另一方面，东西部电子商务发展水平差异大，对发展农产品电子商务需求更为迫切的中西部地区更加缺少本地专业服务商的支撑。

(3) 冷链物流依然是重要瓶颈

在未来相当长的时间内，物流尤其是冷链物流依然是制约农产品电子商务的一大瓶颈。近年来，由于居民消费结构的转变和电子商务的迅猛发展，冷链物流的需求处于井喷阶段。目前，各大物流公司之间开始进行跨区域的冷链业务合作，并自发形成企业联盟，合理利用资源来共同支撑全国性的冷链物流业务。不过，由于冷链物流投资巨大，加上中国幅员辽阔，要想在短时间内建立起覆盖全国的冷链物流体系依然任务艰巨。对于中西部地区来说，想要把生鲜牛羊肉通过电子商务销售到东部大城市居民的餐桌上，冷链物流体系是最大的障碍。

(4) 农产品电子商务人才短缺

随着电子商务的超常规发展，我国电子商务人才短缺现象日益严重，农产品电子商务人才更加短缺。不同于通用电子商务对人才的要求，农产品电子商务要求人才必须了解农业、农产品，同时又具备电子商务技能，而国内目前的教育和培训体系中，缺少这种专业

化人才的培养机制。农产品电子商务的迅猛发展和农产品电子商务人才的短缺，形成鲜明的对比，相关的人才培训已经到了刻不容缓的地步。

61 食品安全危机能否给农产品电子商务带来机遇？

2013 年，中国各地的自然环境遇到前所未有的挑战，食品安全危机也在各地频发，“十面霾伏”成为常态，“江中漂猪”成为一景，这些都使人们的环保与食品安全意识获得提升。同时，经过各地网商与服务商的悉心研发，各地各类生鲜美食通过电子商务的渠道，送上千家万户的餐桌，为人们提供了一个健康有效的选择。越来越富裕的中国人对安全、绿色、优质的食品需求与食品安全、食品品质的现状形成的落差，成为驱动农产品流通模式升级、农产品电子商务蓬勃发展的内在动力之一。

62 地标产品存在哪些亟待解决的问题？

中国是“民以食为天”的国度。《舌尖上的中国》推动了消费者对国内地理标志产品（以下简称“地标产品”）的认知。不过，对于地标产品来说，这仅仅只是开始。在打通农产品上线通路的种种实践中，淘宝“特色中国”产地直供频道的探索植根于一种新的维度：推动地理标志产品上线。

产地直供频道原称“中国地标馆”，主要销售地理标志产品。与普通的频道不同，推广地理标志产品，并不是简单地卖货，而是去挖掘产品背后的地域文化、种植规范等一系列价值点。而具体到运营策略上，需要打造的不是单个的企业品牌，而是区域品牌，服务的也不是单个企业，而是致力于推广当地地理标志产品的地方政府和行业协会。

地理标志，又称“原产地标志”，世界贸易组织知识产权协议《与贸易有关的知识产权协议》（以下简称“TRIPS 协议”）第 22 条第 1 款将其定义为：其标志出某商品来源于某成员地域内，或来源于该地域中的地区或某地方，该商品的特定质量、信誉或其他特征主要与该地理来源有关。2001 年修订后的《中华人民共和国商标法》也增设了地理标志方面的规定，第十六条第二款规定：“地理标志是指标示某商品来源于某地区，该商品的特定质量、信誉或者其他特征，主要由该地区的自然因素或人为因素所决定的标志。”

如今的地理标志，已经是中国最优秀农产品的代名词，某种层面上能够代表某个地域的农产品。甚至当人们说起地标农产品，就仿佛谈起这个地方。但是，地理标志概念对于大多数人来说还很陌生。地标产品从一开始就具有地域性、集团性、商品独特性三大特征，同时受到自然因素和人文因素的影响。原产地独有的气候、土壤、水质、天然物种以及产品生产工艺、流程、配方等因素，造就了产品最好的品质和最独特的特性。

不过，这也带来了负面影响——产品传播、流通受到地域性限制。目前，除了以西湖龙井为代表的少数个案外，国内绝大多数地标产品的品牌影响力相当有限。利用传统流通渠道推广的地标产品，存在诸多瓶颈和限制，无法跨越地区的障碍。在传统模式下，地标产品存在着如下一系列难题亟待解决：

(1) 品质标准不统一

即便在同一地产出，不同的区域标准、厂家、制作工艺及手段生产出来的农产品品质千差万别。如何定义地标产品所属的区域，如何规范和约束品质标准，如何规范生产工艺，仍需要进一步寻找解决方法。此外，假冒地标产品泛滥。赣南脐橙添加苏丹红的事件曾见诸报端。随着地标产品知名度的逐渐提升，未来此类挑战也会日渐增多，因此必须在源头进行品质管理，建立质量追溯体系，以应对不断泛滥的假冒地标产品。

(2) 流通区域受限

多数地标产品受品牌、产量规模、口味等多种因素影响，只能惠及周边地区，难以进行大范围推广。传统模式无法识别此类产品的客户，相比之下，电子商务更容易跨越地域障碍。

品牌传播及影响力受限。品牌传播及影响力的提升，一方面受上述多个条件的制约，另一方面是由于没有合适的推广平台。如果仅仅通过地毯式硬推的方式，没有哪个经销商可以承受。通过线上的聚合传播以及线下的口碑相传，更容易解决这个问题。

淘宝平台上云集了各式各样售卖水果的商家，但是能够实现产地直供的地标水果却为数不多。将产地直供的地标水果同一般品质的水果区分开来，最直接、最好的方式是让消费者亲口尝到地标水果的高品质口感。可是如果单独依靠销售个体，很难有实力和资源来建立地标产品品牌的影响力。

通过地标馆产地直供频道这一平台，可以集合优质的地理标志产品，帮助地标产品进行产地特色挖掘、数字化品牌建立以及消费者互动。对于地标产品而言，类似《舌尖上的中国》这样的推动并不常有。相比之下，平时的地标产品推广更需要加强。根据运营经验推广地标产品的三大法则为：

夯实整合品牌传播

过去，农业品牌推广多数依靠线下农博会等方式开展，影响和辐射面十分有限。多数地标产品并不具备建立数字化品牌的能力，也没有这样的资源，如何建立一个地理标志数字化品牌，对地标所属地区政府而言是一个重大挑战。

提升地标产品的公信力

对于地标产品来说，地理标志绝不仅仅是一个商标，更拥有法律的、政府的监控和保障，因此地理标志产品除了在产品品质上突出以外，也是帮助消费者降低挑选门槛的重要途径。

品质升级，产品可追溯

在运作地理标志产品的同时，还需要建立和规范产品资源和品质可控标准，建立产品追溯体系和相应的质量等级标准、公共符号标准、包装规格标准等，让消费者真正认可并消费地理标志产品。事实上，在食品安全问题日渐突出的现状下，任何产品仅靠一个名头是不能打消消费者顾虑的，有必要推动政府背书、合作社原产地直供、诚信经销商三方的整合营销，提升地标产品的公信力，保障食品安全。而通过互联网公开透明地传播，才有可能获得消费者的认可，与混迹线下默默无名不同，正是由于合作社产品品质的保证，政府公信力背书，线下推广下的地标产品才能获得消费者的认同。

63 原产地农产品直销的作用包括哪些方面？

（1）建立网络市场的食品安全体系

地方政府＋行业协会＋产品质检

（2）帮助各地打造特色农业品牌

优势产业优先发展＋100%原产地直供＋供应链整合

（3）支持传统农业企业/合作社/农户转型

直销店铺＋网络代理服务＋分销

（4）促进地方产业经济逐步升级，打造地方电子商务生态圈

政策＋人才＋企业＋物流

64 进口农产品在农产品电子商务领域的作用如何？

根据美国食品工业协会预测，到2018年，中国将成为全球最大的进口食品消费国，届时中国大陆进口食品市场规模将高达4 800亿元人民币。近5年来，中国进口食品平均每年的增长速度在15%左右，2012年，中国进口常规食品销售量达630亿元人民币。

进口农产品正在成为农产品电子商务的新热点。适当进口部分农产品，可以优化资源配置，更好地满足国内消费。但对于国内农产品生产者而言，进口农产品的不断涌入，也意味着竞争压力越来越大。持续改善国内农产品生态环境，提升国内农产品质量和品牌化程度，已经成为从政府到农业生产者的共同责任。

65 进口农产品/食品消费热潮出现的原因有哪些?

之所以出现进口农产品/食品消费热潮，主要有三方面原因：

(1) 消费升级

国内消费者对优质、多样性农产品/食品需求强劲，农产品跨境电子商务的活跃为国内消费者提供了更多选择。

(2) 消费者认为进口食品安全有保障

受国内农产品安全环境变化影响，人们认为进口食品更安全。

(3) 进口农产品/食品毛利高

高利润激发了越来越多的线上线下零售企业加大引进进口农产品/食品。

66 非标准/特色农产品电子商务能否得到发展?

从标准化程度看，关系国计民生的大宗农产品大多已经形成了规模化的生产和自身的标准体系，它们与工业化的流通体系相适应，并借之走入人们的生产与生活消费中。而另一类特色农产品则大都仍以非标准的状态存在，这类产品的“卖难买难”问题仍时常发生。

经过60多年的发展，我国农产品流通在大宗农产品领域形成了适应工业化流通体系的标准体系，如面粉、玉米、棉花、菜籽等，已经很少发生滞销现象；但是对于包括蔬菜、水果在内的生鲜产品，大多数以非标准化的状态存在，滞销现象相对容易发生。

在电子商务的新模式下，非标准/特色农产品爆发出了更强的契合性，容易建立起一套适应非标农产品的品牌和标准体系。一方面，由于标准欠缺，草根网商和服务商正在用自己的努力建立新的标准（如遂昌网店协会自订的红提标准），这样的标准又恰恰易被新型的流通方式所接纳。另一方面，农产品的品牌不再仅是工业化的标识，地域（背后是生产资料、土、肥、水、气的独特性）也可以成为品牌，生产者也可以成为品牌（如盛叔家的白茶）。

67 农产品预售模式是否有其自身的优越性？

在传统农产品流通模式下，生鲜类农产品由于距离的阻隔和供应链影响，到达消费者手中不仅价格昂贵，而且失去了最佳的新鲜味道。

以销定产的C2B预售模式显示出了优越性。基于电子商务的预售模式汇聚了全国乃至全世界各地的原产地农产品，并通过网络预售定制模式减少农产品中间环节，对生产者和消费者都不无裨益。当生鲜农产品尚未收获的时候，就提前在网上售卖，收集完订单之后，农民才开始采摘、安排发货——这样的预售模式让产地能够按需供应配送，大大降低了农产品的库存风险、生产成本和损耗。消费者由此也能够获得最新鲜、性价比最高的原产地农产品。

68 农产品能否成为县域电子商务的关键抓手？

县域经济在中国具有举足轻重的作用。随着县域企业和消费者应用电子商务日益广泛和深入，电子商务对于县域经济和社会发展的战略价值日益显现。

农产品正成为县域电子商务的关键抓手。农业是我国县级区域的基础产业，尤其是在中西部，县域对农业的依赖度更高。在发展县域电子商务的过程中，如何充分挖掘区域特色农产品的价值，是一个关键节点。

2013年，全国涌现了一批以农产品为特色的县域电子商务案例，如依托网店协会成功开展农产品电子商务的浙江省遂昌县，大力发展核桃电子商务的甘肃省成县，依靠运营商打造本地五谷杂粮品牌的吉林省通榆县等。这些地方的案例表明，发展农产品电子商务离不开地方政府的支持，而农产品则是县域电子商务的最佳抓手，两者相得益彰。

69 土特产如何进军电子商务？

土特产多数指农副产品，而农业是在电子商务领域中渗透率最低的一个行业。农产品发展电子商务有其自身的障碍，首先物流和保鲜就是横在农产品前面的一道关。农产品如何保鲜是个问题，而且物流特别麻烦，弄不好物流费用甚至高过产品本身。某些土特产产品消费群体与电子商务使用群体两者的错位也使土特产进军电子商务不那么顺利。另外，很多土特产的附加值低也是妨碍土特产发展电子商务的原因之一。电子商务是一个烧钱的渠道。如果没有高利润作为支撑，电子商务之路难以为继。此外，产品的品质不一、供应呈季节性、资金人才欠缺等诸多问题一直困扰着土特产进军电子商务。

土特产进军电子商务要做到两点：一个是要够土，一个是要够贵。“土”是指要有地方气息，接地气。土特产就是当地最有特色的农副产品，是别人没有的。另外，土特产要在电子商务中生存下来，必须摒弃传统低利润的销售模式。“贵”就是要增加产品的附加值。千万不能把电子商务平台当成是一个卖“大白菜”的批发市场，这种方式做农产品，利润太低，风险很大。土特产电子商务，一定要做到有足够的利润空间才能支撑下去。

此外，土特产进军电子商务，选择平台也很关键，要考虑新营销手段。电子商务发展到今天已经很成熟，除了淘宝、天猫等人们熟知的平台以外，还有易特网、中国特产网等专攻细分市场的电子商务平台。商户可以选择进驻商城，有实力的商户还可以选择搭建属于自己的电子商务平台。实力不强的商户尽量选择大型的电子商务平台进行运营，这样成功的概率会更大。也可以使用像微信、微博等工具把产品推销出去，吸引顾客上门，用O2O的方式做生意，也未尝不失为利用互联网营销的一种好方法。

70 新型O2O模式在农产品电子商务领域是否适用?

O2O模式可以简单地理解为线上和线下互为补充，协调发展。但O2O首先要解决的是线上订购的商品或者服务如何线下领取？线上和线下如何对接？这是O2O的一个核心问题。

农产品电子商务区别于一般的电子商务形态。第一，产品的标准化问题。现实中虽然已经很好地解决了包装和物流的标准化，但对于农产品而言，没有固定的模式。一方面是农产品具有很强的地域性，结合不同地区的自然环境以及生产方式，产品具有差异性，这也是农产品的魅力所在，也才有了土特产之说。第二，商品的可复制性和延展性问题。对于流程化生产的工业制成品来说，可复制性就很强，如果一个单品卖得足够火爆，完全可以追加生产，理论上可以卖到人手一个为止。但对于农产品，产量是受限的。当然，诸如花生油等经过工业加工的制成品的除外，这些算是工业标准化生产线产品。

由此可见，农产品的电子商务需要新的产品流通形式，传统农产品流通的特征在于渠道的完善，渠道已经深入到几乎所有的农产品基地。通过建立农产品渠道网络，利用O2O模式可以建立新的流通体系，即：

农产品在线交易平台+实体店+渠道建设+经纪人

通过建立交易在线平台，实现农产品的信息流通和交易电子对接，同步通过实体店提供类似卖场的展示和销售功能，作为一个流通的重要节点，并通过诸如渠道建设实现区域和地域的覆盖，经纪人在中间起到重要的穿插作用。

农产品已经引起了众多投资商的关注，在实践方面，工业和信息化部推广的“中国数字农村网”项目和商务部推广的“新农村商网”项目走在了前列。据初步统计，中国数字农村网已经建立了近3000家地方工作站，渠道体系基本到位，如果实体店能进一步落实，爆发力可见一斑。新农村商网也有近400家地方站点，结合当地的政府资源进行扶持和推动，也初见成效。通过实体店面或卖场对接线上交易平台，实现了产品购买和流通的交易对接，这也是O2O模式最需要解决的关键点。相信结合传统流通体系的创新形式将为实现O2O模式的农产品流通提供典型范例。

O2O模式对农产品电子商务而言，提供了良好的解决思路，只需要进行一些改造，强化产品在线平台的服务功能和交易功能，构建并完善实体店的网络连通体系，农产品电子商务也必将迎来新的发展局面。

71 如何看待农产品电子商务F2O模式？

如果说O2O是“线上＋线下”的商业模式，那么“焦点事件＋电子商务”则可以构成一种新型的“F2O（Focus to Online）”模式。F2O模式的作用机制是：热点事件在电视等媒体形成扩散效应，电子商务平台迅速推出相应产品（如美食、服饰等），满足瞬间激增的新需求，从而进一步推动热点事件的升温，形成媒体和电子商务的良性互动。F2O模式不仅适合农产品，也适合服饰、家居用品等产品。

F2O模式对于电视等媒体、电子商务平台而言是一种双赢。电视媒体带来的热点事件效应，能够转化为实际的商业订单，这既是一种影响力的体现，也为未来商业模式的开发创造了条件；电子商务平台借助热点事件实现平台引流，取得扩大营业额的效果。

F2O模式对于网购品类的拉动效用显著。根据阿里研究院发布的《农产品电子商务白皮书（2013）》，2013年淘宝网最畅销的农产品单品中，蜂蜜以年销售额超过4亿元的成绩，位列所有农产品的第8位。通过《舌尖上的中国2》第一集中对西藏林芝野生蜂蜜的描绘，淘宝网上的蜂蜜产品又迎来一波销售增长高峰。

F2O带来的内需拉动不容忽视。按照麦肯锡全球研究院的分析，网络零售分为“替代性消费”和“新增消费”两部分，F2O模式带来的消费，基本上全部属于“新增消费”。F2O模式的兴起，对于拉动内需显然有着积极的意义，从一定程度上也表明消费者生活水平的提高和消费的升级。

对农产品电子商务从业者来说，F2O模式带来的启示是：一是要关注社会热点事件，学会将产品与热点相结合进行营销的技能；二是可以尝试用电视媒体、视频的方式来进行产品营销，甚至打造区域农产品网络品牌，冷门农产品也有成为热点的可能；三是要加快供应链的反应速度，在瞬息万变的互联网世界，领先一步者赢。

72 生鲜电子商务 Farmigo 可以拷贝到中国吗？

Farmigo（www. farmigo. com/）是 2011 年美国 TechCrunch 举办的 Disrupt 创业者大会进入最后一轮的项目。Farmigo 名字起得特别好，由“farm”“I”和“go”三个单词组成，意思是网站是连接农场和用户的平台，当然也可以理解为“farm”和“amigo”的缩合。国内许多媒体对它进行过报道，Farmigo 被很多媒体誉为“创新在线农产品销售平台”。

(1) 基本运作模式

电子商务有“重”模式和“轻”模式之分。所谓的“重”模式，最典型的就是京东网，自己建设仓储和物流，甚至自营采购商品；“轻”模式就属淘宝模式了，网站的核心在于搭建连接卖家、买家以及物流方的平台，并且围绕各方提供完善的网络交易服务。从模式上判断，Farmigo 属于典型的“轻”模式，Farmigo 是连接消费者和农场的中介。对于农民而言，Farmigo 则是一个在线平台、一个新的销售渠道，农民通过 Farmigo 可以管理自己农产品的生产、销售及配送。对于消费者而言，Farmigo 是一个在线的市集，消费者通过它可以直接从农民手中购买优质新鲜农产品。

(2) 社会化电子商务

如果把淘宝比作网络百货商场，那么 Farmigo 就算是高端大气的食品高端会所了。淘宝网是一个以卖家和商品为中心的网络展示平台，商品琳琅满目，折扣手段千奇百怪，但都是简单以商品为中心的传统售卖模式。Farmigo 与众不同的地方是跳出了商品思维，而是以人为核心的真正的社会化电子商务思维，这种思维可以总结为“私人定制”。Farmigo创造性地打造了“食物社区”的概念，即将地理位置相近的消费者以“食物社区”为单位和当地中小农场连接起来。

带头人创建食品社区

由发起人向网站申请建立食物社区，这个发起人也是食物社区创建后的“带头人”。Farmigo 为会每一个社区制作专门的购物网页，然后带头人就可以把农场的产品添加到社区来。带头人需要邀请至少 20 个朋友或者邻居加入食品社区，食品社区人数没有上线。带头人每两周要发布一次食品需求征集信息，社区销售的 10%会作为带头人的奖励，此外带头人的食物折扣也比较低，以鼓励带头人积极发动周围的人加入社区。可以说，淘宝的模式是商家玩了命的让消费者消费，Farmigo 是消费者玩了命的让消费者消费。

(3) 真正的团购

团购的本质是什么呢？Groupon 也好，美团也好，都是以一个很低的折扣销售以期望很高的销售量，来达到盈利的目的，即折扣是手段，销售量是目的。而 Farmigo 的做法恰恰相反，商品的销售要求有一个最小单位也就是至少要达到 20 人消费，然后才会有折扣，即销售量是手段，折扣是结果。

这种团购的方式，使 Farmigo 在供应链管理上游刃有余，既让消费者得到了实惠，也降低了农场的物流成本。

农场为一个社区一周送一次货

Farmigo 以社区为单位掌控订单，然后再向农场发出订货需求。同一个食物社区中的成员每周都可以各自在其社区专属的 Farmigo 网页上“点菜”，当地农场则会每周将来自同一个食物社区的单个的订单汇总，每周都要给每个食物社区定点配送一次，随后由消费者自己取回各自订购的食物。

这种方式解决了食品电子商务最大的问题——物流成本和仓储费用。每周配送一次和每天配送多次的成本显然差的不是一丁半点。如果没有这种食品社区模式，任何一个零售的用户订单都必须及时响应，进行配送的话，物流和仓储成本可能会吃掉企业的现金流和利润。通过食品社区，相当于采集订单，一周配送一次，各自取回所需，顾客乐意，农场满意。

Farmigo 让来自同一地点的很多人可以同时足不出户地享用当地新鲜的蔬果、蛋类、肉类、奶酪，甚至葡萄酒和咖啡等。Farmigo 模式带来的价值是承诺新鲜的食材价格会比超市平均便宜 20%～30%，并保证会在 48 小时内送达指定地点。

Farmigo 网站首页

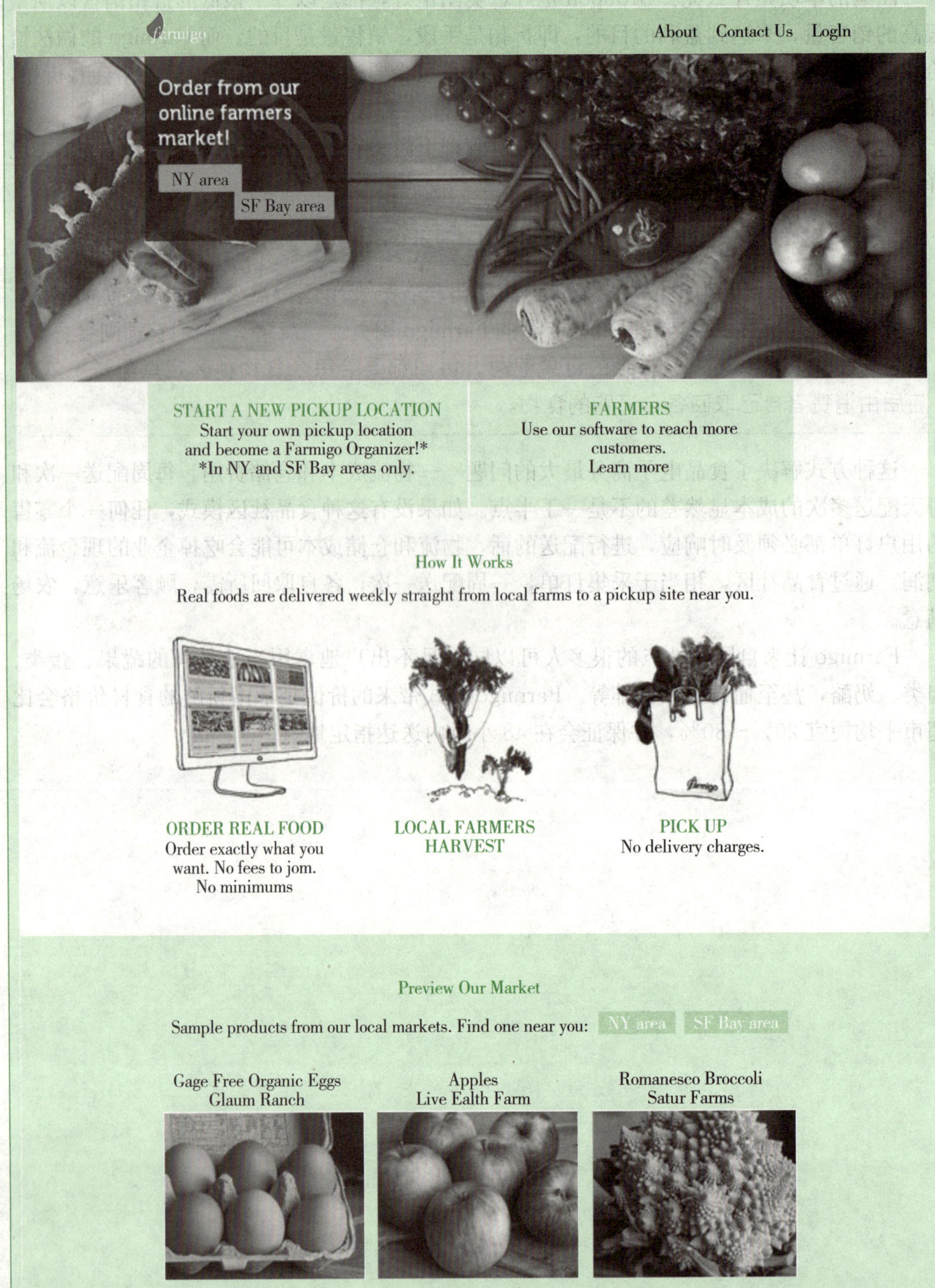

73 中国可以有自己的 Farmigo 吗？

生活中，某菜市场或超市的大白菜便宜，中国的大妈们会互相告知，一起结伴去买。这种模式如果迁移到网上，能否复制成功呢？伴随着“80 后”、“90 后”一代都成了家，有了孩子，一日三餐不可能顿顿都在外解决。Farmigo 构建一个社区导向的食物体系，将同一个地理区域的消费者和农民连接起来，每个人都能够购买到新鲜、实惠、健康和可持续的食物，足不出户就能够获得新鲜便宜放心的食材。这对于年轻人来说，非常有吸引力。但是 Farmigo 的模式并不完全符合中国人的消费习惯。

（1）本地农场数量少，消费意识跟不上

中国农场不如美国那么多，农场出产的产品种类不够丰富，消费者可选择性差。Farmigo目前进行试点的，旧金山和纽约两个城市，有足够多的农场可供选择。相比较而言，中国长期处在小农户自产自销的小农经济模式中，农场运作模式刚刚起步。集中在北上广深一线城市周边的 CSA 农场还不够成熟。与此同时，消费者有机食品和绿色食品的消费愿望还不够强烈。虽然，媒体经常会爆出各种食品问题的猛料，但是面对着价格高高在上的有机食品以及频频爆出的假冒有机食品的新闻，消费者觉得无所适从。买也不是，不买也不是。有机消费市场需要一个清洗涤荡的过程，才能走上健康有序的发展道路。

（2）饮食结构复杂

2013 年《舌尖上的中国》热播，让众多吃货着实大饱了一次眼福。中国地大物博，中国人饮食结构非常复杂。四川的腊肉、东北的年糕、赣南的脐橙、西北的苹果等，消费者更喜欢非常有特色的异域食品。目前，生鲜食品或者农产品电子商务还处在起步阶段，消费者也是抱着好奇尝鲜的态度购买食品。而对于日常生活的蔬菜水果，让消费者在网上购买本地食品，需要一个适应的过程。

（3）信任问题难解决

Farmigo 是由带头人选定农场和农产品范围，其他普通消费者根据带头人选定的农场和农产品再进行挑选和购买。这种模式的基础是，普通消费者对带头人非常信赖，信任带头人以及带头人所选的农场和农产品。Farmigo 并没有农场和普通消费者的直接沟通渠道，甚至也没有农场的主页，普通消费者得到的关于食物生产过程的信息非常少。对于中国消费者来说，已经习惯了和商家交谈建立信任的模式，让其面对一个并不熟悉的商家就直接购买其产品很不容易。再者，中国食品安全环境十分严峻，消费者对食品透明度要求更高，用一种不太透明的方式运作更不会赢得信任。

实践篇

74 何为淘宝村？

淘宝村是中国农村经济和电子商务联姻的典型产物。淘宝村的出现，不仅破解了农村信息化难题，有效提高了农民收入，提升了农民生活幸福指数，也成为拉动农村经济发展、促进农村创业和就业、缩小城乡数字鸿沟的新型渠道。

淘宝村指的是大量网商聚集在农村，以淘宝为主要交易平台，形成规模效应和协同效应的电子商务生态现象。判断淘宝村的主要依据是以下三条原则：

(1) 农村

淘宝村由农村草根网商自发形成。

(2) 规模

网商数量达到当地家庭户数的10%以上，且电子商务交易规模达到1 000万元以上。

(3) 协同

形成相对完整的产业链，具有协同发展的特征。

75 淘宝村是如何兴起的？

“淘宝村”一词最早见诸报端，是在2009年媒体关于江苏省徐州市睢宁县沙集镇东风村的报道。这个苏北的小村庄原本并没有家具产业，但在几年时间里，当地已经形成一个以数千名网商为核心，周边辅以快递企业、代运营、五金配件、原料供应、包装供应等服务商在内的生态圈，极大地带动了当地农村经济的发展。和东风村同时期崛起的淘宝村还包括河北省邢台市清河县东高庄、浙江义乌市青岩刘村等。

在东风村、东高庄、青岩刘村之后，国内淘宝村的发展呈现雨后春笋之势，2013年年底，全国已有各类淘宝村20个，涵盖网店总数约1.5万家。淘宝村正在经历从点到面的跨越，成为一股不可忽视的农村新经济浪潮。

中国淘宝村（截至2013年12月）

淘宝村名称	户数/人数	网店数	主营产品
江苏省徐州市睢宁县沙集镇	1.3万户/6万人	>2 000	板材家具
江苏省宿迁市耿车镇大众村	900户	300	板材家具
江苏省宿迁市沭阳县颜集镇	27个行政村/4.8万人	>2 000	花木

（续）

淘宝村名称	户数/人数	网店数	主营产品
河北省邢台市清河县杨二庄镇东高庄村	600户/1 800人	>600	羊绒羊毛制品
河北省保定市白沟新城	15万	>3 000	箱包
浙江省义乌市江东街道青岩刘村	8 000人	2 200	小商品
浙江省临安市昌化镇白牛村	550户/1 500人	50	坚果炒货
浙江省临安市清凉峰镇新都村	1 800人	>20	坚果炒货
浙江省丽水市缙云县壶镇镇北山村	70多户	>100	户外用品
浙江省丽水市松阳县大东坝镇西山村	980人	32	简易家具
福建省龙岩市小池镇培斜村	195户/700人	>60	竹席、汽车挂件、饰品
福建省泉州市安溪县尚卿乡灶美村	308户/1 650人	>1 000	藤铁工艺品
山东省滨州市博兴县锦秋街道湾头村	1 700户/4 000人	1 000	草柳编家居用品
山东省滨州市博兴县博兴镇顾家村	3 300人	>100	老粗布
山东省曹县大集乡丁楼村	300户/1 100人	>300	演出服饰
山东省曹县大集乡张庄村	400户/1 500人	>240	演出服饰
江西省新余市分宜县双林镇	3 800	>600	服装、土特产
广东省揭阳市锡场镇军埔村	490户/2 700人	>1 500	食品、服装
广州市番禺区南村镇里仁洞村	2 002户/5 486人	>200	服装
浙江省温州市永嘉县桥下镇西岙村	230户	>500	教玩具

76 淘宝村为何会形成？

为什么淘宝村会自发形成？为何原本文化水平低、不懂电脑的农民能够成为淘宝达人，并且抱团走向成功？淘宝村的形成原因主要有以下几点：

（1）电子商务加速向农村渗透

电子商务对中国经济社会的影响正在日益加深。2012年，中国网络零售总额达到1.3万亿元，占社会零售品总额的比例为6.3%，全年中国电子商务经济体规模达到8.2万亿元。以2013年“双11”为例，淘宝、天猫在这一天的销售额达到350.19亿元，2013年“双12”活动，有264万卖家在当天实现了成交，这两个事件充分显示了淘宝对于传统零售业和中国经济的冲击和影响。同时，互联网和电子商务开始加速向农村渗透。

（2）第三方电子商务平台降低了农民网络创业的门槛

以淘宝网为代表的第三方电子商务平台，为农民提供了低成本的网络创业途径。据阿里研究中心统计，截止到2013年11月30日，淘宝网（含天猫）上正常经营的注册地在农村（含县）的网店数为203.9万家，比2012年年底增长了24.9%，其中注册地在村镇级的为105万家，比2012年年底增长76.3%，净增了46万家农村网店。规模日益庞大的农村网商群体，构成了淘宝村形成的基础。

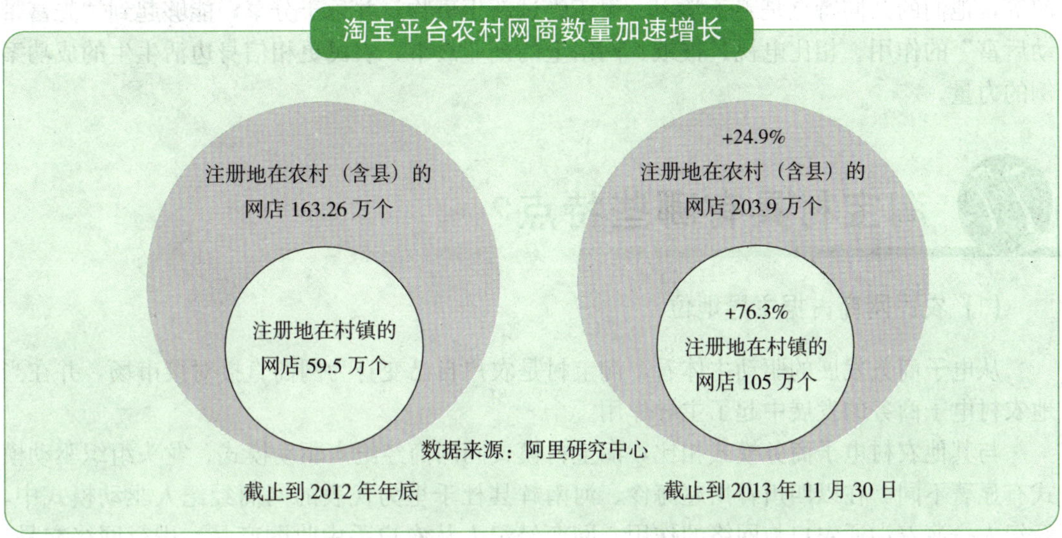

(3) 农村的社会属性更适宜网商群体发展

中国农村是一个区别于成熟市场经济的特殊形态社会。社会学家费孝通曾经指出，中国传统的乡村社会是“熟人社会”，熟人社会不仅有公认一致的规矩，而且信息全对称。这种“熟人社会”对于网商的成长和扩散，具有天然的优势。一个农村网商先发展起来，就会形成涟漪效应，向周边的亲友、邻居扩散，最终形成具有规模效应的淘宝村，国内20个已有淘宝村的成长历程无不如此。

(4) 农村基础设施持续改进

物流匮乏、宽带不畅、交通不便，是广大农村地区普遍面临的基础设施难题，这也是造成城乡数字鸿沟的客观原因。近年来，国家各级政府加大对农村地区的扶持力度，涵盖公路、电力、用水、电话网、有线电视网、互联网等在内的“村村通”工程的实施，对农村地区的基础设施改善发挥了重要作用，也为农民升级做网商提供了便利条件。

淘宝村和基础设施的关系，前者是因，后者是果。多个淘宝村的案例表明，往往是淘宝村的出现，刺激了对基础设施的巨大需求，进而加快了基础设施的建设速度。江苏省徐州市睢宁县沙集镇东风村，当地农民网店快速增长期，电信基础设施无法满足农民装宽带的巨大需求，出现了农民排队装宽带的现象，同许多地方运营商在农村地区装宽带必须大力推广才能有成效的状况形成鲜明对比。

(5) 电子商务带头人的关键作用

中国有数以万计的行政村，具有特色产业和资源优势的农村也不在少数，但为什么只有少数农村发展成为淘宝村？其中一个重要的原因是电子商务带头人的存在。优秀的电子商务带头人在淘宝村的形成过程中起到了重要的启蒙和催化作用。如江苏省睢宁县沙集镇东风村的“三剑客”、河北省清河县东高庄的刘玉国、浙江省丽水市缙云县北山村的吕振鸿等，他们的共同特点是善于学习、勇于尝试新生事物，并乐于分享，能够起到“先富带动后富”的作用。相比电视、报纸、网络上的创业故事，农民更相信身边活生生的成功案例的力量。

77 淘宝村具有哪些特点？

(1) 农民网商占据主导地位

从电子商务发展的驱动主体看，淘宝村是农户自己变身为网商直接对接市场，并在当地农村电子商务的发展中起了主导作用。

与其他农村电子商务模式相比，淘宝村模式同网商经纪人驱动模式、龙头组织驱动模式有显著不同。在以四川青川赵海伶、河南辉县杜千里为代表的网商经纪人驱动模式中，经纪人扮演着沟通农户与网络的作用，网商经纪人从农户手中收购产品，进行网络交易，农户并不直接面对消费者；在以浙江遂昌网店协会、福建南安世纪之村为代表的龙头组织驱动模式中，龙头企业和协会是当地农村电子商务的主导者。

(2) 集群性

在国内已发现的20个淘宝村中，一个普遍的现象是，淘宝村的网商大多经营同一品类产品，形成了一个网络产业集群，如东风村主营板材家具、灶美村主营藤铁工艺品、湾头村主营草柳编家居用品。这种集群性可显著增强该地区网商的群体竞争力。

(3) 协同性

协同性是农村网商的一大特质，得益于农村“熟人社会”的社会属性。淘宝村的网商在互相竞争的同时，也体现出显著的“协同性”，主要体现在产品内部流通、经验分享等方面。

78 淘宝村如何能够成为改变农村未来的力量？

(1) 增加农民收入

淘宝村可以形成显著的财富效应。在淘宝村的形成和发展过程中，最主要的发展动力是农户自发的创业致富的内在需求。这种内在需求，推动着当地农户变身为网商，从无到有、由少到多发展起来。如江苏沙集镇转型为“淘宝村”以来，农民的生活条件极大改善，家家户户开汽车，部分网商还在县城买了房子。根据沙集镇镇政府提供的数据，目前沙集镇年销售额500万元以上的网商有280家，1 000万元以上的网商有30家，2 000万元以上的网商有3家。

(2) 促进农村经济发展

以淘宝村为代表的农村电子商务，将改变传统的经济空间布局，让农村及经济欠发达地区，有机会以较低的成本加入大规模协同价值网络，直接对接全国和全球大市场，发展商业、制造业和服务业。淘宝村产业形成之后，服务业随之兴起，包括包装、配件、物流快递、代运营、培训等，形成由电子商务驱动的地方特色产业的新生态，带来大量就业机会，进而形成良性循环的商业生态。

(3) 拉动农村就业和创业，提升农民幸福指数

在淘宝网数百万卖家中，有近一半为农村户口，其中有15%的人只有初中以下教育水平。从工作状态来看，只经营网店的农业户口群体比重高于非农商户。从收入重要性看，农业户口商户将淘宝收入作为主要或者唯一收入来源的比重也高于非农商户。显然，来自农村地区的卖家已经将淘宝网作为实现就业的一个重要平台。

全国20个淘宝村，涵盖1.5万家淘宝店，按照农村淘宝店由单个家庭经营、每个农村家庭人口4人计算，淘宝村共实现了6万人的直接就业，并且带来了物流快递、包装等服务业的大量间接就业。

农民通过电子商务实现了返乡创业和就业，对于提升农民幸福指数有巨大作用。农民工大量进城，带来了严重的农村空巢问题，如老人赡养、儿童教育等，而这些问题在淘宝村则迎刃而解。淘宝村不仅吸引了外出打工的农民工回乡，日益明显的人才缺口还吸引了外地人来农村就业。同时，淘宝村的治安状况也有明显好转，根据沙集镇派出所的数据，2008年以后，当地的治安事件发生率呈现明显下降趋势。

(4) 促进城乡一体化

党的十八大报告指出，推动城乡发展一体化是解决“三农”问题的根本途径，要加大统筹城乡发展力度，增强农村发展活力，逐步缩小城乡差距，促进城乡共同繁荣。信息时代，新型城镇化的关键之一是从以中心城市为核心的集中式城镇化路径与模式，转变为以小城镇为中心的分布式城镇化路径与模式。电子商务在农村的应用，促进了农民返乡创业和就近就业，带动了当地经济和社会的发展，使一些传统乡村显现出小城镇的雏形。

众多淘宝村的案例说明，农村并不一定要等到工业化完成才可以信息化，而是可以采取以信息化带动工业化的方式，快速发展农村经济，推进城镇化和城乡一体化。

79 阿里农产品电子商务在2012年的发展情况如何？

(1) 阿里平台上涉农网店数量

整体上看，至2012年阿里平台上的涉农网店数量有了可喜的发展和增长。以淘宝网（含天猫）为例，截止到2012年，正常经营的注册地在农村（含县）的网店数为163.26万个，其中注册地在村镇的为59.57万个；经营农产品类目的网店数为26.06万个，涉及农产品商品数量1 004.12万个。而在阿里巴巴B2B平台，经营农业类目的诚信通账号，至2012年年底则为1.7万个。

(2) 阿里平台上农产品销售情况

2012年阿里平台上共完成农产品交易额约200亿元，其中淘宝网和天猫平台成就了大部分的交易额，B2B平台上通过支付宝完成的交易额接近1亿元。

近三年来，农产品的交易额在各个平台均有持续上升。以淘宝网为例，2010年涉及农产品的类目以干果山货、粮油米面、鲜花园艺为主，完成销售额37.35亿元；2011年增加了花卉蔬果、植物树木等类目，同年销售额攀升到113.66亿元；2012年增加了茶叶和生鲜水产两个大类目，销售额则达到了198.61亿元。

从具体类目来看，传统滋补营养品（包括蜂蜜/蜂产品、燕窝、灵芝、冬虫夏草等）、粮油米面/干货/调味品、茶叶成为淘宝网2012年交易额最大的农产品类目，分别为61.41亿元、34.53亿元和34.16亿元。从增长趋势来看，生鲜类目（海鲜/水产品、新鲜水果等）无疑是增长最快的类目，2012年同比增幅达到42.06%。

从具体的农产品看，2012年茶叶是淘宝网销量最大的农产品，日销售额达到722万元，其次是枣类、牛肉干和坚果类产品，它们也是淘宝网上的传统热销食品；蜂蜜/蜂制品、南北干货（腊肉、香肠等）、药食同源食品（如牛蒡、金银花、罗汉果等）依旧保持快速增长，交易额也攀升一个台阶；新鲜水果和海鲜水产则在2012年异军突起，成为增长率最快的农产品；蛋、乳、杂粮尚处在起步阶段，未发生质的提升；燕窝、鹿茸等动物制品，受人们动物保护观念的加强，则呈现负增长的趋势。

(3) 阿里集团的涉农业务布局

正是看到了农产品电子商务的巨大潜力，阿里各平台在2012年都组建或强化了涉农业务，用以发展农产品或其他涉农电子商务，从而在CBBS的大市场体系中形成布局。

阿里巴巴B2B公司2012年年初拆分为CBU（阿里小企业业务）和ICBU（阿里国际业务）两个公司后，也都保持专门的农业类目，来管理农产品的批发和国际询盘；淘宝网食品类目为了强化农产品销售，重新组建了“特色中国”项目，希望用土特产撬动用户对农产品的蓬勃需求；2012年3月，淘宝网成立新农业发展部，并于6月推出生态农业频道（ny.taobao.com），以绿色农产品为主导，旨在探索一条发展农产品电子商务的绿色生态模式；天猫网组织优质的运营服务商资源，为其食品类目下近 4 000 个卖家提供更专业的支持和服务；聚划算平台则通过几次“聚果行动”，确立了生鲜农产品作为对接本地生活、由消费者驱动的主要商品。

除了上述以推进农产品销售为主的业务设置外，天猫网物流事业部还发起了“邮 E 站”项目，希望在农村部署更多网点，发展代购业务，解决农民“买难”问题；支付宝则于 2012 年 7 月成立了新农村事业部，重点发展农村便民支付普及和农村金融服务合作，尝试搭建涉农企业及专业合作社的融资平台。

80 2012 年，阿里平台新的销售模式有哪些？

(1) 涉农网商模式的升级

最早在阿里平台上成长起来的一批涉农网商，大多以销售农产品为主，著名的有在 B2B 平台上批发活牛活羊的孙宏伟，也有在淘宝平台上零售土特产的王小帮，以及大学毕业后回乡创业的赵海伶、杜千里。他们的销售流通模式，基本上都是“网络（平台）＋公司（网商）＋农户”的模式，农产品生产主体——农户、农业合作社或涉农企业——变身网商，或依托网商，利用电子商务平台，实现与大市场的对接。

从 2012 年起，浙江省遂昌县的农产品电子商务异军突起，这其中发挥主导作用的，不再仅是农户和网商，遂昌县网店协会成为关键节点。遂昌县网店协会的作用不仅在于给网商提供免费的开店培训，还零成本提供统一采购、统一仓储、统一配送、统一物流、统一包装等运营服务，帮助遂昌网商避免库存和风险。网店协会通过与物流公司谈判，控制住物流费用的上涨，同时也积极争取将网商面临的仓储、资金难题纳入政府的电子商务扶持政策。

遂昌县网店协会的加入实现了当地农产品电子商务的集约化营销。它向上整合了 120 家供应商资源，通过寻找农业合作社、生产基地和一些零散农民，将他们的产品资源集中到会员仓储配送中心——麦特龙分销平台，之后做好产品包放在网上。网商们只要将产品包放进自己的网店里销售，接到订单之后再来分销平台上下单，即实现了之后的统一配送和物流。

在遂昌县农产品电子商务的发展样本中，传统涉农网商的销售流通模式已经升级为“网络＋协会＋公司＋农户”的模式，协会既为网商做好服务，也为网商们争取更大的利益，同时制定标准对接生产方，实现品质监控和集约化营销。遂昌县网店协会在成立后的两年中，该县淘宝网店数量由 350 家发展到了 2 000 家以上，其中会员 1 200 家，皇冠店 20 余家。2012 年，各会员单位在淘宝网上的销售额即达到了 1.5 亿元。

(2) 平台与运营服务商的联动

淘宝网的“特色中国”项目意在用土特产撬动农产品的旺盛需求，始于 2010 年，后因种种原因搁置。2012 年 4 月由食品类目接手后，到 12 月底，共做了 5 个馆的尝试，当年上线湖北馆、新疆馆、贵州馆、四川馆，遂昌馆于2013年1月正式开馆。

“特色中国”最初的三个馆——湖北馆、新疆馆和贵州馆，均以主推地方土特产为主，开馆后，湖北的大闸蟹、新疆的鲜果干果、贵州的茶叶薏米均在淘宝上热销。12月推出的四川馆，则把土特产与四川特色旅游资源捆绑起来，再结合本地生活服务（餐馆、住宿、娱乐等），为用户提供了好吃、好玩、好游的全方位服务。遂昌馆是淘宝网的第一个县级馆，除了优质土特产和旅游资源外，还由政府出面做好食品安全的背书，组建的当地客服团队做到了遂昌的问题在遂昌解决。

经过5馆的尝试，“特色中国”项目基本探索出了政府、运营服务商和平台的“1＋1＋1”运营模式。其中政府在品质监管和食品安全上做好背书，并且给予政策扶持；运营服务商则是做好销售和推广，包括频道、营销策划以及客服体系；平台做基础的流量，包括搭建产品库、商品和卖家管理模块等。其中运营服务商的角色最为关键，他们不仅需要具备代运营能力，还肩负着孵化和推广地方特色产品和协助各地区中小卖家成长的责任。

“特色中国”不仅在模式上走通了平台与运营服务商之间的联动，在对各省土特产的销售上也取得了很好的拉动。以贵州馆为例，开馆后来自贵州省的土特产销售额，从之前的每日40万元日，提高并一直保持在每日80万～100万元的水平上。

(3) 平台与传统经纪人的联动

除了与平台上既有生态元素（网商、服务商等）的联动，阿里平台还与农产品线下传统的渠道商和经纪人积极合作，希望探索出新的销售模式。

“聚果行动”模式

2012年11月，陕西省武功县苹果滞销严重，聚划算平台与传统水果经销商以及当地水果经纪人一起，联合发起了“聚果行动”。截止到2012年12月10日，陕西武功县滞销红富士苹果面向江浙沪、北京、天津、广东福建地区开团，总计11 500件，约80.5吨红富士苹果团购一空，解了当地果农的燃眉之急。

在“聚果行动”的模式中，传统水果经销商作为商家和承接者做销售，负责去陕西收货和后期物流运输及售后服务，并为此专门成立了电子商务对接部门；传统的水果经纪人负责从农户处按标准收果、分级和包装。传统的经销商（或渠道商）和经纪人，熟悉并掌握着农产品流通链条上最多的资源，他们一旦投身电子商务，将会释放出巨大的能量。

聚划算在最近两年发布了多起农产品团购活动，都取得了极佳的效果。2011年5月发起的“聚蕉行动”，共有北京、上海、广州、深圳等地14.5万名网民帮助海南蕉农团购了520吨香蕉；2011年11月的“聚菜行动”中，150吨蔬菜被4.2万名网民一团而空。聚划算平台在缓解各地农产品“卖难”危机的同时，也探索出一条通过消费者驱动、联合传统经销商经纪人，推动农产品电子商务销售的模式。

(4) 电子商务订单农业的雏形

电子商务订单农业是近年出现的一种新型农业生产经营电商模式。

“抢鲜购”预售模式

2012年10月，淘宝网在“特色中国”新疆馆尝试了“抢鲜购”的预售模式，为订单农业做了一次电子商务的注释。

在“抢鲜购”预售模式中，首先做到了“以销定产”，即提前在网络预售，汇聚买家需求，然后按照订单组织果农进行采摘、加工和销售；其次做到了“基地直供”，确保了鲜果的品质和价格优势，通过二维码等技术，再确保流通环节的品质；最后做到了“体验营销”，即从全国邀请买家到现场体验，之后通过他们在社交媒体的评价及传播，影响更多买家。

以2012年10月24日新疆鲜果上新预售的一次数据来看，当天总共有22万用户产生了1 817万元的销售额，阿克苏冰糖心苹果一天销售了63吨、库尔勒香梨销售了32吨、喀什石榴也销售了14吨。

“抢鲜购”模式走通后，很多时令鲜果都开始按照这种预售的模式来操作，时令鲜果成为2012年“双11”“双12”淘宝天猫购物节上的热门品类，农产品的预售模式在多个平台到处开花，除了淘宝网，天猫、聚划算都引入了这种模式，并取得了不俗的成绩。

81 阿里各平台在解决行业难题方面做了哪些尝试？

(1) 绿色农产品布局

绿色经济是人类文明的全球共识与发展方向。发展绿色农业就是探索农业新的发展模式和新的经营理念，从而促进农业现代化，提高农产品竞争力，实现农业的可持续发展和生态系统平衡与良性循环。

淘宝生态农业频道在推进绿色农产品的经营模式上进行了有益尝试。他们在2012年6月上线之初就定位于做安全健康放心的食物社区。引入敢于承诺“拒绝农药、化肥、转基因”的绿色农场，在产品页面上公开产地、生产者、生产资料、生产过程和生产环境的信息，结合淘宝评价体系及SNS传播方式，尝试建立起了一套绿色农产品的参与式保障体系。

截至2012年年底，淘宝生态农业频道已经引入了324个绿色有机农场，174个认证商家，覆盖1 360万亩有机土地面积。经过半年的探索，在淘宝网上人们对绿色农产品的消费已经有了初步认可，2012年“双11”销售500万元，至2012年年底完成销售额1 500万元。

(2) 食品安全溯源机制

在食品安全危机频发的当下，如何解决农产品的安全问题，是发展农产品电子商务不可逾越的一道门槛。2012年，淘宝网与天猫食品类目联合国家工商行政管理总局进行电子台账建设，是对食品安全溯源机制的一次有益尝试。

淘宝生态农业首页

2012 年 7 月，淘宝网和天猫对卖家发布平台进行优化，要求食品类目下新发布的包装商品，卖家必须填写资料中的生产许可证编号、品名、厂名、厂址、联系方式、保质期、生产日期、进货日期、数量、供货商、规格、包装方式、产地、配料表、食品添加剂等字段，从而完善食品追溯体制，将商品信息更全面地还原给消费者。建立网络食品安全

追溯制度后，“三无”产品得到了有效控制，出现食品安全问题，可以追根溯源。对消费者而言，商品信息变得更为透明，特别是消费者最关心的食品保质期、产地等，一目了然。

数据表明，2012 年淘宝网各农产品类目中因质量问题发生退款数量，增幅下降了 54.97%。

(3) 资金链问题的尝试

对农产品进行生产或加工，资金也一直是困扰众多涉农企业、农业合作社及零散农户的难题，支付宝平台则在这个问题上进行了大胆尝试。

支付宝在 2012 年 7 月成立新农村事业部后，将搭建融资平台作为他们的一项主要工作，帮助涉农企业实现贷款或供应链融资。支付宝将上游的授信机构与下游的涉农企业连接起来，在中间做一个贷款发放和还款的资金通道，帮助他们实现涉农贷款。

82 阿里各平台对农产品电子商务发展有什么意义？

(1) 在农产品巨大市场上的试水尝试

阿里各平台在农产品电子商务上的探索，是在一个巨大潜力市场上的试水尝试。随着近两年电子商务的蓬勃发展，一些传统行业已经达到较高的网络渗透率，如 2011 年化妆品的网络零售渗透率达到 16.3%，信息家电（3C 产品）达到 15.6%，服装则达到 14.3%，而农产品行业的电子商务才刚刚起步。

2012 年，淘宝网农产品完成销售额接近 200 亿元，而 2010 年我国进入流通领域的实体农产品的价值总额则为 2.24 万亿。当我国网民人口红利逐渐耗尽的时候，开拓新的品类或市场，则成为维护电子商务持续发展的关键工作。

(2) 为农产品“买难卖难”寻求破题之路

阿里各平台在农产品电子商务上的探索，为破解农产品“买难卖难”提供了新的方式和渠道。农产品“买难卖难”是长期以来困扰我国农产品流通的一道难题，农业部、商务部等政府部门推出过“菜篮子”“万村千乡”“双百市场”“农超对接”等多项工程，但是这个问题依然未得到解决，每年农产品丰收之时，也就是各地菜贱伤农事件爆发之日。

淘宝网、天猫、聚划算等平台探索的多种农产品电子商务销售模式，不仅为农产品“买难卖难”寻求破题提供了借鉴意义，也在农产品生产一线孕育出一种新型生产力，这种生产力与它的主体——涉农网商一起，必将在未来真正的破题中发挥力量。

(3) 新商业结构下对农产品消费方式的探索

阿里各平台在农产品电子商务上的探索，也是在新商业结构下对新消费方式的全新思考。互联网商业讲求协作共赢、生态繁荣、共生进化，小前端、大平台、富生态的商业组织与模式，促进了整个互联网生态的形成。在新的商业结构下人们的消费方式发生了极大变化，消费效率提高，消费者选择权扩大，消费理性增强等。而农产品生产、配送、储存上的独特性，又使它的消费方式也更加独特。

淘宝网、天猫、聚划算等平台尝试的农产品预售模式、团购模式、体验消费、社交网络传播以及绿色食品的参与式保障体系等，都是对新商业结构下新型消费方式的对接与探索。

83 农产品电子商务在2013年的总体发展情况如何？

农产品电子商务在2013年迎来井喷的一年。首先，新农人群体崛起，他们活跃在各类社交平台上，成为领域内最具活力的群体，在各类电子商务平台上积极推动着农产品电子商务的实践。其次，各类电子商务平台都认识到农产品电子商务将是下一片蓝海，进行了积极的谋划和布局，各类专业B2C网站更是努力做深做强，欲将多年的积累化为先发的优势。再次，多种农产品在网络热销，“褚橙”“柳桃”“潘苹果”成为健康与时尚的代名词，也使得更多的优质农产品原产地看到了电子商务的力量，开始积极研发产品上网销售。这一年对于农产品电子商务是一个从草莽到规范化、品牌化、平台化转型的一年。

84 涉农电子商务服务业目前的总体发展情况如何？

行业的火热带来更多的服务商进入农产品电子商务领域。针对农村电子商务人才欠缺现状，各类专业培训机构纷纷在中西部布点并研发相关课程；客服代理等新型的服务商开始出现，为解决农村客服难招问题提供了新的选择；以菜鸟网络、顺丰快递为首的物流企业也开始在农业领域发力，探索解决生鲜农产品的物流及配送难题的方案；随着淘宝网“特色中国”项目的遍地开花，针对地方土特产网络营销的本地化服务商兴起，他们不仅为农产品草根网商提供了急需的服务，更是促进了当地电子商务生态的健康发展。

85 各级政府对农产品电子商务是否重视？

各级政府对于农产品电子商务越来越重视。2012 年年底，商务部发布《关于加快推进鲜活农产品流通创新的指导意见》，提出要鼓励利用互联网、物联网等现代信息技术，发展线上线下相结合的鲜活农产品网上批发和网上零售；2013 年 5 月，汪洋副总理向农业部和商务部指示，要“把握农产品电子商务制高点”；2014 年 1 月，中共中央、国务院印发《关于全面深化农村改革　加快推进农业现代化的若干意见》，提出要启动农村流通设施和农产品批发市场信息化提升工程，加强农产品电子商务平台建设。除了中央层面政策上的关注，各个省份也出台了多部地方政策来助力当地农产品电子商务的发展。

86 专业化涉农服务商的出现有哪些优势？

行业的火热也带来更多的服务商进入农产品电子商务领域，包括传统服务商向涉农领域的转型，也包括许多新型服务商的出现。

2013 年，许多具有传统农业资源或背景的企业开始涉足电子商务领域，也有许多在其他行业（如服装、电器等）摸爬滚打的电子商务服务商开始试水农业，他们共同构成了农产品电子商务的专业服务商，发挥各自优势，弥补不足短板，借助淘宝网等社会化大平台为农产品网商提供专业化的服务。

同样在涉农服务商领域，新的需求也不断催生了新型服务商，如针对农村电子商务人才欠缺现状，专注于客服外包的电子商务服务商应运而生，集中的客服管理，高效的客服专业化训练，很好地解决了农村网商的客服需求。

客服外包服务商

上海网梓信息技术有限公司作为首批进入客服外包市场领域的服务商，多年来一直蛰伏于众多电子商务服务商行列中，随着近些年涉农电子商务的火热，涉农电子商务陷入涉农人才难招的窘境，该公司的客服外包服务帮助众多农村网商解了燃眉之急。

87 本地化综合服务商的兴起有哪些优势？

淘宝网“特色中国”项目是淘宝网倾力打造的中国地方消费门户网站，主打地方农特产品和旅游资源，通过开放的运营方式和地方馆运营商、地方政府、行业协会共同打造。2013年，该项目在全国遍地开花，至2014年2月底已经开设25家特色馆，遍布全国14个省份，包含省级馆、市级馆、县级馆等多种形态。在这些特色馆成功开设并运行的背后，是一批本地化综合服务商的兴起。

这些本地化综合服务商熟悉当地的农特产品资源，能够提炼或挖掘这些产品的优良特性和文化内涵；他们了解当地的电子商务生态，能够不遗余力地帮助其健康发展，如举办培训、沙龙等活动；他们依照市场运作，但同时得到政府或行业协会的支持，可以协调当地农业、旅游、媒体等相关资源为农产品电子商务发展服务；他们还谙熟各个电子商务平台的规则与门槛，掌握各种互联网营销工具和手段。正是这个本地化综合服务商群体的兴起，为地方土特产网销市场打开了局面。

88 物流服务商有哪些探索与创新？

2013年，在淘宝网（含天猫）平台上，从县域发出的包裹约14亿件，比上年增长133.83%；发往县域的包裹约18亿件，增长105.68%；农产品相关的包裹数量达到1.26亿件，增长106.16%。

快递包裹井喷的背后，是农产品（包括食品）专业物流企业的迅速成长与不断创新。2013年，以菜鸟网络、顺丰快递为首的物流企业也开始在农业领域发力，探索和尝试各种解决生鲜农产品的物流及配送方案。

菜鸟网络

菜鸟网络通过整合全国冷链物流的模式，集合了冷链公路货运、冷链中转中心、城市冷链配送公司、落地配公司等多种物流资源，形成新型“二段式配送”物流模式。该模式解决了生鲜电子商务跨区销售难、生鲜电子商务商品保鲜难的问题，而且有效地控制了成本，成功支撑了美国车厘子、阿拉斯加海鲜的全球跨境电子商务C2B的冷链服务，帮助了商家和频道拓展，并为“双11”“双12”保驾护航。

89 沱沱工社在农产品电子商务领域有哪些经验？

（1）“沱沱工社”经营状况

相比其他同行，“沱沱工社”一直很低调。从公开消息可知，“沱沱工社”是九城集团（美国纳斯达克上市企业）旗下专注有机、安全食品的网上超市。“沱沱工社”定位更偏向于农业电子商务，跟其他几家做生鲜电子商务的同行在产品上有很大的差别，其主要做的还是肉禽蛋奶以及蔬菜，在模式上坚持从农场到冷链配送，中间以 B2C、企业级的 B2B、包括移动等手段获取用户。由直营农场和联合农场统一提供货源，除了北京平谷自营农场外，在全国还有 8 个联合农场。经过一系列调整删减，“沱沱工社”现有 2 600 多 SKU（宝贝的销售属性集合），日订单数在 2 800～3 000，2013 年营业额 7 700 万元，较 2012 年的 2 350 万元增长了 227%，盈利约 460 多万元。由于其物流投入有限，当前主要精力还是在北京市场，北京六环以内可以实现次日达。该地区市场销售比重也占到全部销售额的 80%。华东市场是沱沱工社的第二“主战场”。

（2）重数据轻感性

在传统行业一个很常见的现象就是企业经营者在决策的过程中，很多时候是凭借自己多年来的经验感觉在做决策。作为“沱沱工社”的掌舵人，杜非的决策主要依据的就是数据，整个团队都是用一套 IT 的方式、数据化管控的方式、精细化管控的方式降低风险的，通过一套缜密的数据分析计算工具，来实现科学决策。同时他们形成了新的农业种植计划。

（3）精细化运营搭建自己的生态养殖系统

日常运营过程中，以每周、每月、每季度分析会的形式来分析、判断工作进度和完成情况。分析会主要针对商品、利润、损耗等情况进行讨论，把这些要素连动起来，掌控市场节奏，来判断是不是要放量，是不是要换渠道。

在营销推广方面，“沱沱工社”并没有做大面积投放，而是根据自身特点和市场承受能力，线上做精准投放，线下营销通过农场会员活动和社区活动进行，如在农场组织活动，让会员体验和感受有机生活，对企业用户，给员工做营养课程培训等。

如此一整套运营体系，成本节制的效果最为明显，用户转化、留存度以及复购率颇为可观。据悉，“沱沱工社”50 多万注册会员（非企业用户），除掉部分礼品会员，复购率也还有 65%，其中留存下来的会员购物频率约每月 2.5 次。

生鲜电子商务要减少成本，最重要也是最具挑战性的环节便是降低损耗。损耗主要来自种植损耗、储存损耗、加工损耗、配送损耗及滞销损耗五个方面。一个需要自由呼吸的蔬菜和水果，市场周期是7天，叶菜3天。为了降低损耗，“沱沱工社”把零售业的库存考核直接引入到生鲜电子商务库存管理中，当这个商品是叶菜的时候，市场就是3天，过了1.5天后马上处理，变价抛售，这是他们缩短库存管理的重要手段。另外，商品引入的时候要考核损耗率。事实上很多企业没有重视这个问题，把东西往库房一放就吆喝开卖，这是不对的。

节约资源，降低损耗方面还有新招。“沱沱工社”在河北曹碑店的一个联合农场，正在做“立体工程”的尝试，在水系改造后，鱼塘可以养鱼和螃蟹，水面养鸭子。其“立体化循环经济”工程，在损耗比较高的时候，就直接把废料做出饲料，喂家禽和家畜。残渣倒进发酵池用来做沼气，用完了还可以喂蚯蚓，当叶肥。

如此经历好几个循环，一是做到生产端跟销售端连供，二是库管总体预警。但这一生态养殖系统的有机产品产出有限，主要提供VIP客户和作为员工福利，并未市场化。

(4) 不追求规模，品类减法

2014年春节前后，“沱沱工社”的订单量出现爆发式增长，但由于其冷供应改造并未完成，仓储、冷藏、配送能力都很有限，“沱沱工社”不得不控制增长节奏，除了市场推广配合增长节奏外，还进行了一系列品类调整，将原来5000SKU（库存量单位）减少到2000多SKU。但这并不意味着“沱沱工社”在品类策略上将减法进行到底，其只是在非冷链的品类在物流跟不上的时候做减法，该环节改善后，未来会考虑在有机、安全并与餐桌相关的品类上做加法。

(5) 要优质用户，不要盲目促销

“沱沱工社”主攻中产阶级以上的消费群体，“中产”并不只是收入定位，更多的是一种对生活有高品质要求的态度定位。除了独立B2C平台外，“沱沱工社”还入驻了天猫、京东这些第三方平台，并成为这些平台生鲜类目中的佼佼者，时常会被邀请参加促销活动，效果也很不错。尽管如此，在做了几次促销后，“沱沱工社”主动叫停了促销，同时也多次拒绝了第三方平台的促销邀请。

90 从码农到农民的芋头哥是如何成功创业的？

芋头哥淘宝店铺首页

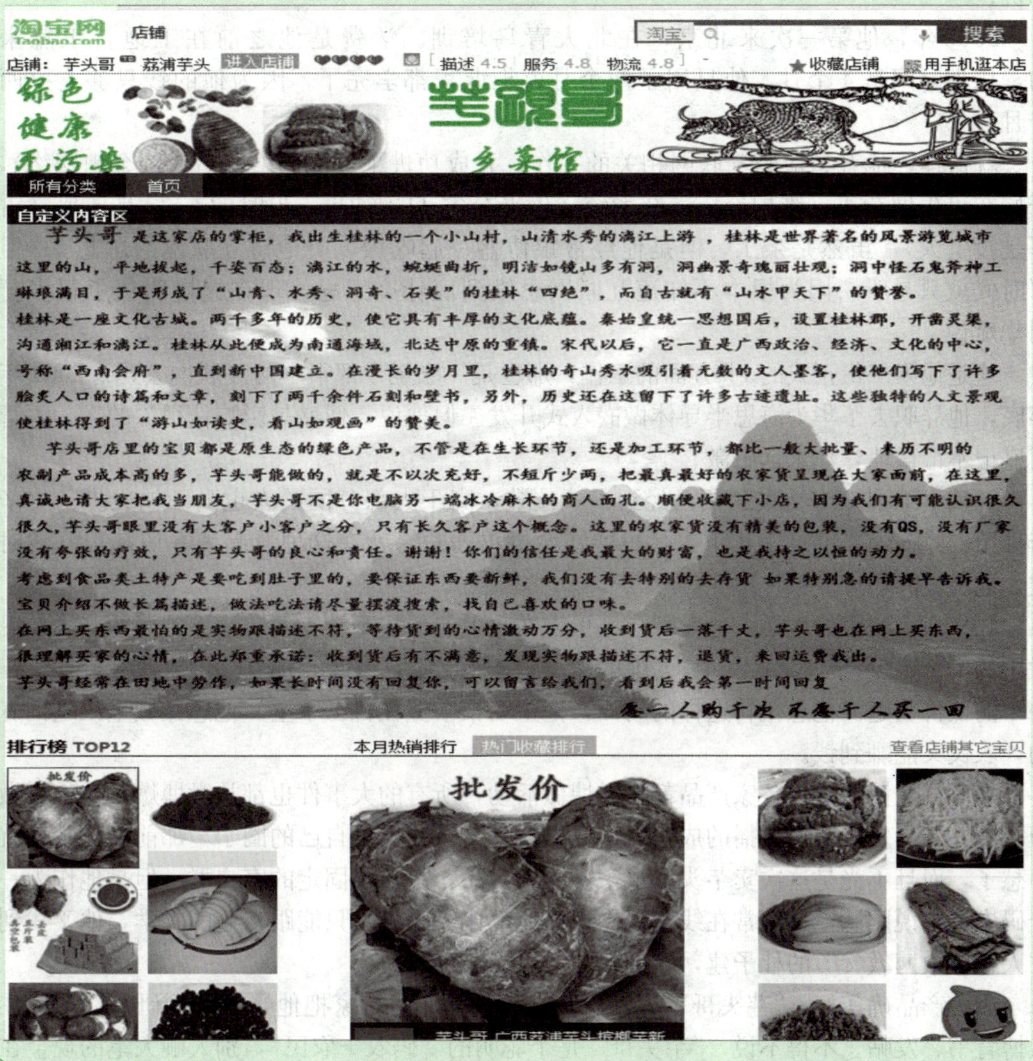

“芋头哥”，真名周华斌，一个放弃华为 5 位数工资，决心回家种田，转型做新媒体电子商务的码农。

从五金店学徒到迪吧马仔，从工地农民工到富士康流水线工人，从华为 5 位数工资员工再到做电子商务的农民，“芋头哥”的经历颇为曲折。作为一个 90 前的码农，他放弃了城市的灯红酒绿，回乡种田，仅通过微博一种途径，3 个月卖出了 100 吨芋头，还获得了第一笔投资。

"芋头哥"从互联网行业跳去做农民，别人说他是个有着"码农"典型性格的文艺青年，但实际上，他是个很自我的"吊丝"。最早的时候，他在五金店做过学徒，流浪过，在迪吧做过马仔，后来去工地搬过砖头。

但在2006年，命运给了他一次属于互联网的机会。那年，他去了富士康，虽然也是以农民工身份在流水线上做苹果MP4的后盖，但他开始参与学习和培训，决心转行计算机。

2008年，他第一次来北京，在北大青鸟培训。学费是他之前在工地打工赚来的，培训时间是4个月，他只用了两个月就把课程都学完了，因为他的钱只够支撑两个月。

就这样，他开始应聘互联网相关的工作，并成功进了可牛网络（后来的金山网络），开始在可牛做杂工（维护论坛、装系统、做办公室IT维护），当时的CEO是傅盛（雷军是投资人），虽然是杂工，但是他经常跟傅盛一起吃饭，听他讲互联网的思想。"但那时候就只是听，因为根本不知道互联网思维到底什么意思，现在慢慢明白了很多。"周华斌说。

这是他第一份正式的IT方面的工作，那也是一家至今都很牛的互联网公司。2009年年底，他辞职去了华为海思半导体做嵌入式开发。但他说，傅盛是影响他很深的人，不管傅盛记不记得他，他永远感激。

2012年，他在华为的工资已经到了5位数，高于大部分同龄人也高于他父母一年辛苦种田的收入，再继续工作下去，可能还会翻倍增长。就在这种看起来一切都很好的时候，他决定辞职，回家种田。

几年在大城市的生活，他发现，城里人在吃上花的钱不少，但总吃不到好的。而农民付出的辛苦不少，却又赚不到钱。他的父母，辛苦劳动一整年，那么好的农产品，被一车一车的低价收走。他想扭转这样的局面，把主动权掌握在自己手里。他想让城里人吃到好的，农民又能赚到钱。

那时候微博正盛，各家产品都在微博做活动，所有的大事件也都从微博爆出。他在微博泡了几天，发现微博传播的成本低速度又快，一旦建立了自己的圈子，那前期的销量就不愁了，而且不光是这次卖芋头，未来卖什么产品，都有了固定的客户群。但是他作为一个码农，别说网感，连日常在线交流沟通可能都比较困难。只能跟专业的人学，他又找到了人称"微博教父"的杜子建，参加他的新媒体培训班。

因为产品确实好，"芋头哥"为人又朴实，培训期间大家把他当成案例研究，帮他在微博背书、发帖。不得不说，"芋头哥"是个聪明的"码农+农民"，别人砸大笔的现金在微博发帖，刷转发，最后又石沉大海。他只出了培训费用，不仅学到了技能，交到了朋友，还免费为他做了大量的宣传，关键是，这都是活粉啊！

不过像芋头这种东西，不是家庭必备菜品，好多人甚至根本不会做，东西又很重，最难解决的就是包装和快递问题，快递费甚至高于产品本身，想赚钱就必须高价。培训的那段时间，他跑遍了北京很多商超、批发市场等对比价格，也做了大量的数据调查。

他发现，愿意在网上买生鲜类食品的人，大多是生活相对有品质的人，这些人对于价格的敏感程度并不高，只要吃到放心的食品，贵五毛钱，或者便宜一块钱，都不太重要。

而且商场所谓的有机食品琳琅满目，他必须有独特的存在感。最终他决定以高于商场均价1块钱、低于淘宝均价2块钱的价格在微博销售。价格确定之后，就是存在感的问题。6月的芋头还处于成长期，没有长成就不能销售，他刚好利用这段时间养粉丝，建立微博圈子，刷存在感。

他开始每天在微博晒芋头的生长过程，农民劳作培育芋头的经过。他觉得，再科普的知识贴，都不如让别人亲自见证，自己吃的东西是怎么一天天成熟的，吃进去的跟外面卖的东西比到底好在哪里。这3个月的努力，让他的微博粉丝从不足100，涨到2 000多。

他还发帖教网友芋头的做法，讲芋头对身体的好处，芋头的品种差别，挑选芋头的小技巧等。实实在在把产品当成了孩子，把粉丝当成了关心孩子成长的叔叔阿姨。

10月芋头开始销售，两个月的时间，从0开始的淘宝店，冲到2颗钻石，几乎全部是微博成交，淘宝付款。芋头销售期3个月，他总共卖出近100吨。期间有人质疑他卖得贵，朴实的码农还曾经把他所有的成本都列出来，发微博公布以显示他卖的是良心产品，没有赚钱。实际上他初次试水微博卖货，也的确不是以赚钱为目的的，建立自己的圈子才是关键。有些做过电子商务或者正在做的人，也给他提了很多建议，比如统一包装，做促销活动，做防压防潮措施等，他全部虚心接受，而且执行力极强立马改正。

作为一个初入生鲜电子商务的毛头小子，这绝对是成功并且辉煌的第一桶金。

“芋头哥”为什么没有选择从淘宝做起呢？在淘宝，你能看到的，只是店家做的图片和文字，很难判断这个图片来自哪里，是否真实。在微博，你说半句假话，网友就会把你过去所有的错误全都挖出来。淘宝店的目的，是为了赚钱，攒的是店的信誉。而微博，是真实存在的人，目的是交流，攒的是人的信誉。

卖芋头当然只是个开始。他所在的千年古村，气候环境非常适合农作物生长，不仅有芋头，还有橙子、柚子、橘子等各种农产品。芋头销售过后，正值橙子销售期，借着卖芋头攒下的铁粉，橙子的销量也跟着明朗了，两个月卖了15吨，同期的柚子1个月时间，也轻松卖到了10吨，橘子半个月卖了3吨。

2013年，芋头哥和他邻居的农产品全部卖光，还得到了江永镇政府的大力支持，更有当地大户无条件赞助16万元，作为第二期营销的启动资金。2014年夏橙面世前，他为了方便发货，在镇上租下两层小楼，楼下囤货，楼上办公，还找了专业的美工、客服、淘宝运营，定做包装箱，签约大货车和快递公司专门递送产品。

91 顺丰优选是怎样做岭南荔枝产地直供的?

顺丰速运与旗下网购商城顺丰优选、广东省高州市政府开展三方合作，由高州市政府推荐当地优质的荔枝供应商，顺丰速运提供物流解决方案，顺丰优选负责销售，通过线上线下相结合的方式，打造了一个全新的生鲜产品产地直供模式。

物流是生鲜商品从田间到餐桌的重要一环，速度与保鲜能力共同决定了生鲜电商的用户体验。但由于流通过程落后，我国每年有 30%的果品和 40%～50%的蔬菜在送达消费者之前的过程中白白损耗，损耗量高达上亿吨。因此，运用现代物流理念经营对于生鲜商品的流通非常重要。在上线之初，顺丰优选与顺丰速运共创了产地直供的生鲜商品流通方式。以荔枝为例，依靠顺丰航空的快速以及顺丰优选提供的“生鲜速配”服务，荔枝从被采摘到送达消费者手中，不超过 24 小时，中途无需加冰或入库冷藏，确保了荔枝最原汁原味的口感。

顺丰优选岭南荔枝产地直供页面

92 遂昌红提团购给我们哪些启示?

遂昌是近年来声名鹊起的一个“淘宝县”，与江苏沙集镇、义乌青岩刘村等地以家具、小商品为交易物的农村电子商务相比，遂昌最大的特点，在于其交易物以农产品为主，属于典型的农产品电子商务。

在遂昌，上网交易的农产品种类从2010年起日渐丰富，包括零食坚果、茶叶干货、生鲜蔬果等，并且从2013年开始，生鲜蔬果产品呈增强趋势，逐渐成为当地电子商务交易的主打产品，2013年占据了当地农产品网销额1/4的比重。

2013年上半年，遂昌网店协会成功举办了土猪肉的预售团购；下半年，北界红提的预售团购活动，则让协会对生鲜农产品电子商务有了更深的认识。

(1) 优质优价，让农民增收

凭借醇正的口感和优良的品质，遂昌北界红提曾获得“浙江省无公害农产品”“丽水市绿色农产品”称号。自2009年开始举办的“北界红提节”已经成为当地一个节日，红提也成了北界的一张“金名片”。

通常，这样的产品在线下是不愁卖的，那为什么还要通过电子商务销售呢?活动组织方表示，电子商务可以让优质的产品卖出更好的价格，让农民增收，同时也可以在网络上提升区域农产品的知名度。

为了确保产品质量和供应，遂昌网店协会给予当地红提种植户更优的价格。同期，红提种植户市场收购价仅为11元/千克，在线团购活动产品收购价则为13.4元/千克。参与这次活动的红提种植户都收获了真金白银，他们开始对电子商务刮目相看。

(2) 没有标准，自己制订

在网上卖新鲜的红提，对遂昌网店协会来说是第一次。相对于粮油米面等标准化农产品，新鲜水果在线销售方面基本上是标准缺失的状态。怎样才能确保消费者收到的红提是优质可靠的?怎样保证团购活动的好评率?

遂昌网店协会大胆尝试了“自订标准”的做法。团购活动对产品进行了严格的筛选，对果穗重量、单粒果重、颗粒大小、着色、甜度、农药检测等方面都做了详细的规定。在最影响消费者感受的甜度方面，活动规定“红提的甜度必须达到14度，需用甜度计测试”，这样的自订标准，在农产品电子商务领域还是首次。

正是由于在各个方面的严格把关，遂昌北界红提第一批团购的产品，在快速被秒光并完成配送之后，收获了极高的好评率。第二批团购活动很快上线，但临近发货期的时候，发现签约合作社的红提成熟度还差几天，甜度测试为13白利度（指可溶性固形物含量为13%），在准时发货不是甜度达标的问题上，组织方挠头很久，最后还是选择按期发货，结果问题很快就暴露：部分消费者反映这一批的红提不如上一批甜，中差评来了。

遂昌网店协会自定的红提标准

项　目	指　标
果　穗	穗重不低于 0.75 千克
单粒果重	单粒果重大于等于 14 克
颗粒大小	果横径大于 23 毫米，果竖径大于等于 26 毫米，占果穗 95%
着　色	红色 85%
果　品	颜色呈自然红熟色，无病果、伤果、腐烂果、青果、小果、干果、软果
口　感	果皮薄厚适中，果肉脆硬，味甜，无涩口感
甜　度	甜度需达到 14 白利度，对方需用甜度计测试
农　药	检测无农药残留
其　他	其他标准按特级产品要求采购，允许有 5% 的果穗品质和果穗大小不符合特级品要求，但符合一级品要求

有了这次教训，组织方对农产品电子商务有了更深刻的认识。农产品不同于工业品，它受品种、成熟日期、保质期等多方面因素的影响，任何一个环节都不能马虎，不能存在侥幸心理。在第三批团购的时候，同合作社的对接更加精准化，确保团购发货日期和成熟日期完全匹配，所有标准必须 100% 符合要求。

最终，遂昌北界红提三次团购的总体中差评率低于 0.1%，创造了 2013 年新鲜水果团购的一个小奇迹。

(3) 物流：神农氏尝百草

物流配送是做好生鲜农产品电子商务的重要保障。遂昌网店协会在这次红提团购活动中，对物流配送环节也绞尽了脑汁。

为了保证红提到达消费者手中的时候，依然保持颗粒完整、品质新鲜，在包装环节，组织方采用专用纸袋加环保纸垫，来保护红提在运输过程中不受损；同时，采用超大冰袋加铝箔气泡沫包裹，既延长了制冷时间，又防止红提冻伤；此外，还采用了野生蕨类保鲜，保温泡沫箱运输，可谓“武装到了牙齿”。

但这还只是表面功夫，真正的学问在细节。包装箱中的冰袋究竟放多少量，至关重要。新鲜甘甜的红提，上面会有一层薄霜，它是红提高品质的标志之一。冰袋放多了，红提有冻伤的风险；冰袋放少了，消费者打开包装箱，红提好像水洗过一样，薄霜全无，影响卖相和口感。

为了拿到准确数据，遂昌网店协会在正式发起团购活动前，做了一次“神农氏尝百草”的尝试，先往全国 20 多个城市发了测试包裹，让分布在不同地区的人反馈结果，最终得出加冰量的最合理值。重视细节，这才是农产品电子商务运营的精要。

(4) 重视体验，玩转 O2O

农产品不同于服装、3C 等工业产品，它对体验要求更高，因此 O2O 模式也有更强烈的要求和更广阔的空间。

与红提团购活动同步，遂昌还发起了“相约红提、乐享自然——农业达人游北界活动”，邀请全国各地的农业名人来北界参加红提节，通过品尝红提、参观红提园基地，体验采摘红提、制作红提酒、现场体验线上购买等活动，加深农业达人对产品的认知度。通过这些农业达人的网络影响力，微博、微信等工具实时展示，进一步扩大了北界红提在网络上的受关注度，进而提升了团购活动的热度。

经过一个半月的推广，这次红提团购活动，通过电子商务渠道售出 7.5 吨红提，线上线下渠道总共销售近 50 吨。

93 什么是遂昌模式？

一是以“协会+公司”的“地方性农产品公共服务平台”和“农产品电子商务服务商”的定位探索解决农村（农户、合作社、农企）对接市场的问题。

二是推出“赶街——新农村电子商务服务站”，以定点定人的方式，在农村实现电子商务代购、生活、农产品售卖，基层品质监督执行等功能，让信息化在农村得到更深入的对接与运用。

随着电子商务的蓬勃发展，各地电子商务协会满地开花，电子商务协会角色需要升级换代。以前是半官方的非营利机构，被政府包养，不能独立自主，伸手要钱，低声下气，做不大。遂昌电子商务协会的实质是“农村电子商务公共服务平台”，自负盈亏。“协会+公司”的性质，二者合体。遂昌县网店协会成立于 2010 年 3 月，主要承担平台公共服务项目；浙江遂网电子商务有限公司成立于 2011 年 3 月，主要承担协会旗下增值服务项目。

2010 年 3 月成立协会，当时考虑培训能帮助就业创业，又能把当地农产品卖出去。第一年协会就帮助把遂昌的网店开到了上千个。到年底盘点，却让协会会长潘东明很受挫，做得好的网店微乎其微。怎样才能走出困局？他们想到一个模式：建立一个服务平台，在平台上配置单个网店不能解决的问题。由平台去规划、营销、推广，让农民回归种植、养殖，让开网店的人回归到店铺运营。网商自己只需要担任客服，其他都可以交给协会平台需要整合和分配资源，如四五家店需要一个设计师，就由平台聘用一个设计师来服务，节省成本。

目前协会有 30 多种盈利模式，包括网上培训，其中一对多的公共服务是免费的，如对1 600多网商会员免费培训，由协会或协会、政府共同出资；一对一的增值服务是收费的。二是和供应商谈好返利，集中采购、发货、品控、仓储，目前拥有 200 多家网货供应商，10 多家包括物流、快递、银行等在内的第三方服务商。协助供应商开发产品、组织与举办网上活动、组建公共数据包等。平台专职工作人员 160 多人，2013 年协会收入 400 多万元，协会会员销售总额达 2.1 亿元。

这样一来，协会明确职责，只提供中间服务，帮网商开拓销路，自己不开店。将与供应商的沟通、采购、配送，网商的培训和咨询服务，专门对接平台资源、政府关系、第三方服务商等一网打尽，按这样思路开始，引发了连锁反应。

一是引发媒体特别关注，人民日报、中国青年报、新周刊，甚至国外媒体等纷纷报道，2013 年学遂昌模式的就有 230 多家，2014 年预计达到 500 家，协会已经成立一个接待部，高峰时每天接待三四批。二是政府需要树典型，遂昌模式将农业、电子商务、就业创业、欠发达地区关键词集一身，获得政府大力支持。三是以阿里为代表的平台很重视，平台最烦恼的就是谁来负责食品安全和碎片化网商整合，通过协会找到了上千家供应商，拉到政府支持，把大伙拉到一条船上去，绑定在一起。2012 年 5 月 17 日，遂昌县人民政府与阿里巴巴集团淘宝网签订战略合作协议，成为中国首个网商线下安全保障机制试点县。四是引来线下超市采购。如考虑到产品全、专业度高、公信力好、沟通顺畅，沃尔玛直接联系协会采购。

遂昌模式可以复制，但有前提：政府看重、专人跟进，这样才能落地。如遂昌想从下至上制定农产品标准，首先必须在行业中领先，才有话语权，然后晋级为国家标准化管理委员会成员，制定和优化标准。其次“特色中国”遂昌馆的成功，与遂昌政府的介入和背书密不可分，政府帮助遂昌馆做的事情是自上而下的管控，而不是仅仅代替淘宝招商小二做事情。

当然，遂昌模式也有很多不容易复制的东西。由人才自发聚集的圈子、一开始就大力支持的政府、遂昌本地的特殊性，还有很多的机缘巧合……以及这一切累积带来的良性循环。模式易学，氛围难求。

94 遂昌模式的成功给我们哪些启示？

(1) 做农产品电子商务≠农民开店

一村一店不现实，那是不了解农村的人提出的。农产品电子商务不鼓励农民开店，应由专业的人做专业的事。

(2) 物流难题≠自己去建物流

自建物流对于整个网购消费者市场来说无疑是一件好事，无论电子商务是从自身利益出发，还是从挤占快递竞争者的角度出发，最终受益的是消费者，他们在享受更低价格更快速度的同时还可以体验更优质更贴心的服务，商家和消费者之间的信息交换更加频繁和透明，不仅增进了消费者的满意度，也使电子商务企业不断地进步提高。但是，对于电子商务企业自身来讲，自建物流存在的资金问题、人才问题、与第三方物流商的关系等问题都抬高了电子商务行业的门槛。随着大型电子商务企业物流体系的逐步完善，电子商务行业将面临洗牌和激烈的竞争，实力不强或没有自己核心竞争力的电子商务企业将逐渐被市场淘汰。

(3) 协会≠公益组织

只有盈利，才有驱动力；只有增长，才会激发能动性。用协会的心态、公司的模式去运作，平等对话，实现多赢。

95 海南农产品启动电子商务模式给我们哪些启示？

2013年12月15日，2013年中国（海南）国际热带农产品冬季交易会落幕。在本次冬交会上，淘宝网“特色中国”海南馆正式开馆，农产品电子商务化成为本次冬交会的最大亮点，海南农产品也真正跨入电子商务模式的时代。

2013年，海南省已有4 735件商品进驻该馆，全年海南在淘宝网的销售额近18亿元，电子商务在海南的迅猛发展极大地促进了海南农产品的销售。然而，在促进海南农产品转型的同时，电子商务所引发的物流成本过高、保鲜技术受限、专业人才缺乏等瓶颈问题也备受关注，解决这些问题，将会促进海南农业在电子商务的带动下更快发展。

一个值得注意的信息是，开馆首日，三亚南鹿实业有限公司种植的牛奶莲雾被买家以300万元的价格拍下5 000箱，交出冬交会首日漂亮的成绩单，这也是至今为止三亚农产品量最大的一笔网上订单。

此前的11月25日，三亚海源智联科技有限公司与阿里巴巴集团聚划算平台成功合作举办了“汇聚海南之海南厨房”首期海南品牌农产品电子商务活动，该活动是海南农产品第一次与电子商务接轨的试水。在三天活动中，实现淘宝活动网页展现量9215万次，引导全面成交2 400万元，显示了农产品电子商务巨大的发展潜力。

海南网上销售平台有160多家商家，共销售4 000多种海南农副产品，涵盖了水果蔬菜、海洋海产品干货、品牌加工类产品、旅游及旅游工艺品五大类。

从2013年8月起，海南省农业厅以淘宝网旗下的生态农业频道作为合作突破口，从全省200多家农业企业中筛选出近40家条件成熟的企业，分批入驻淘宝生态农业，南国食品、春光食品和海南惠农网等企业每月交易额达到200万元以上。

在海南农业厅的授权和支持下，三亚海源实业有限公司联合武汉白领尚品有限公司，组建三亚海源智联科技有限公司，向淘宝网申请“特色中国”海南馆的筹建工作。阿里巴巴集团十分看好海南的电子商务发展，随着“特色中国”海南馆的开馆上线，可以让海南有特色、质量好、成规模的农副产品卖得出、卖得好，同时用比较社区化的方法，建立新的应用体系，让海南农产品跑起来，送到全国数以亿计的消费者手中。

企业要想上网销售，要符合淘宝网的规定，任何一个产品必须得到认可，要有产品的“二维码”和3G标识（海南移动田头监管3G系统），这样消费者可以对产品进行追溯和比较。这也使得交易过程中的诚信和品牌建设尤为重要。进入电子商务模式的海南农产品生产者，不管是主动还是被动，必须有诚信和品牌意识。企业生产要规模化、产业化、标准化，才能满足网上销售的条件。

可以预计，电子商务平台的建立将有利于海南一万多家农民专业合作社以及上万家农业企业之间的合作和抱团，倒逼海南农业从各自为战的小农模式过渡到大农业规范生产的阶段，将农产品资源进行整合，形成一个巨大的销售网络。

“特色中国”海南馆首页

淘宝 特色中国
china.taobao.com
首页 地域特产 特色馆
开馆流程
特色中国之海南馆
首页 特产食品
海南馆
hainan.china.taobao.com
海南无皮产品
搜索
入驻海南馆
全部类目 + 首页 鲜生活 农博会 儋州粽子节 特产故事 招商入驻 服务承诺 原产地认证 特产食品
水果生鲜
海南旅游
零食冲饮
公告 Notice
·100%原产品认证
·食品品质 安全保障
·72小时解决服务纠纷
<舌尖上的中国>贰 细说海南蜂蜜故事
CCTV 1 A BITE OF CHINA Ⅱ (IN FOOD WE TRUST)
2014年4月18日晚9点《舌尖2》CCTV-1首播 天猫同步开售
合作商家：卓津旗舰店（海南卓津蜂业有限公司）
海南旅游季
椰风海韵 来自北纬18°的呼唤
抢景点门票
中国驰名商标
原生态就是最好的
春茶上市
海南老字号
2.3折起
果园直供
全场3.8折起
畅游海南
特色中国 最正宗的中国味
鲜 生活
你吃了吗？
今日团购 热销推荐
109元
海南荔枝妃子笑
味美多汁
特级海南兰贵人
浓香怡人 口感清爽
椰风海马贡酒
滋阴补肾 美容养颜
春光椰奶营养麦片
浓浓椰奶香
¥118.00 参团
¥22.80 参团
¥6.00 参团
¥51.80 参团

当然，海南发展电子商务还存在不少瓶颈：

一是海南电子商务整体环境较为薄弱，农产品电子商务稀少，生产者和经营者对电子商务的意识还比较淡薄，需要主管部门和行业协会大力推广和扶持。

二是物流成本过高，冷链物流还不成熟。由于琼州海峡的阻隔，海南许多产品外运都依赖空运，这就造成了物流成本较内陆省份要高了近 1/3，特别是农产品流通又有很强的时效性，还需要主管部门加大绿色通道的畅通，农产品车辆优先通行，鼓励并扶持冷链物流，为农产品电子商务发展提供有力保障。

三是农产品品牌意识还不强，多数农产品、海鲜产品和海干货等还是习惯走农贸批发市场的模式，没有自我宣传和保护意识，一旦销售打开，产品供应链还难以跟上。

96 云南省鲜花网上热销给我们哪些启示？

2013 年 7 月，淘宝生态农业联合聚划算推出“汇聚云南，一百万支鲜花独家示爱”专题活动，此次花卉经云南省政府推荐，由云南锦苑花卉产业股份有限公司组织省内 3 000 多名花农精心挑选了玫瑰、百合等进行包装，所售的每一支鲜花都是线下渠道无法买到的。

“汇聚云南，一百万支鲜花独家示爱”专题活动

这些鲜花从花圃直接送到消费者手中，规避了传统鲜花销售中诸多可能影响花卉品质的中间环节。每盒 11 枝装的红玫瑰、香槟玫瑰标价 89.9 元，白玫瑰和粉玫瑰为 49.9 元，价格比传统线下渠道至少低了一半。3 天预售鲜花量达到了 3.5 万份。

花卉是一个开放型产业，随着花卉产业的快速发展和市场的多元化需求，已有的营销模式已不能满足市场的需求。此次活动，标志着云南鲜花产业以新的姿态、新的模式面向全国消费者，将云南花卉产品及服务直接延伸到终端市场。

云南省作为全国花卉种植大省，借助互联网电子商务渠道销售谋求新的营销模式，加快传统农业向现代化农业转变速度，提高花卉产业的经济效益，促进农民增收致富，将是一种行之有效的模式。

就云南的现实情况看，电子商务起步较晚，受物流成本高、信息化程度低、轻工业不发达等因素制约，电子商务发展比较缓慢，很难形成大规模的电子商务平台。所以，不是着力于建设本企业的电子商务平台，而是依托优势电子商务平台，利用最新最有效的网络工具，展示云南特色商品，提供本地化服务，这将是云南电子商务的生存之道。

淘宝生态农业云南鲜花网店

97 “谷绿农品”是如何成长起来的？

2009年年初，有机农产品在国内的销售已经有迹可循，只是尚没有成熟的标准来定义，这个市场似乎只是个标签市场。只要你贴上有机的标签，价格就会往上翻一些，但其质量没有一定的保证。

“谷绿农品”在2009年3月成立，创始人王安平当时是浙江大学经济学的在读硕士生。他和伙伴在黑龙江五常找到了优质大米，打算做有机农产品的销售。

但是有机农产品和传统农产品一样，在流通方面存在某些限制：区域有局限性、交易环节繁多、销售渠道窄、成本高。看上去，农产品走高端路线似乎难度大，不可行。

传统的产品销售，假如还没有响亮的品牌，其渠道多数是依靠经销代理。“谷绿农品”前期所拥有的产品不过几款，都是五谷杂粮。销售依靠线下的一些代理商，或者直接和超商合作，产品更多是以礼品的形式卖出去的。

此外，与其他线下产品一样，为了推广和宣传，“谷绿农品”每年都会参加各处的展销会和农产品博览会，也会参加一些团购活动。但总体收效不大。

更重要的是，王安平与同伴们发现，国内的农产品交易是粗放式的传统交易模式，不止提货不方便，流通的成本也很高。而他们想要的是将农产品零售出去。

想零售农产品，又想减少交易环节，降低中间成本，不得不考虑电子商务。

2010年年底，“谷绿农品”开始筹备转型做电子商务，逐渐将线下的一些销售渠道砍掉，仅保留一些常规销售。

2011年年初，“谷绿农品”正式入驻天猫商城，大米和杂粮虽然是非标准化的产品，但经过包装后，依据包装规格的大小，实际也是某种意义上的标准化。这时，“谷绿农品”由原先的5人创始团队增加为13人的团队，原先的五谷杂粮产品也上升为近28款有机农产品。

传统的农产品市场，产供销之间并非是完全接通的，有时候销售和生产的断裂会造成库存的积压，而电子商务恰好可以弥补这点。

入驻天猫仅一个月，“谷绿农品”有了爆发式的增长，第一个月的销量近20万元。

有机农产品在网络上的第一次爆发增长，并不意味着可以迅速规模化。因为有机农产品是非标准化的产品。

不同于服装电子商务，追求标准化与规模化，自建工厂是其扩张的第一步。倘若服装中某一款式受欢迎，工厂还可以追加生产。但农产品是非标准化的产品，就算是大米，南北差异也很大，这种产品在自然环境以及生产方式上具有很大差别，也不可能无限追加。

事实上，利用网络进行农产品销售，多数情况下，因为农产品的地域原因，很多当地的生产方是依靠与物流企业合作，通过网络第三方平台将本地的农产品输送出去的。这种O2O的模式，可以扩大当地农产品的销售渠道，但与生产方和销售方之间仍然是脱离的，农产品依旧分散，并且规模较小。

“谷绿农品”旗舰店

天猫 TMALL.COM
搜天猫
搜本店
谷绿农品
收藏店铺
全场包邮
聚划算
女神是吃出来的
百变魔女变变变!
有机五常大米10斤
特惠价:¥65.0
我要购买
满119送一包米伴侣
纯天然无添加
满119×2送两包米伴侣
纯天然无添加
买2份花茶送随机花茶一包
纯天然无添加
点击购买
聚划算
有机薏仁米 300G
权威有机认证 颗粒饱满
原价:29.9元
特惠价¥9.9
赠
¥9.90
¥32.90
¥49.90
¥29.90
¥32.90
¥39.90
¥39.90
¥32.90
¥29.80
有机五常大米10斤
清甜爽口 绵软弹牙 以口感和香味闻名
69.9元
有机黑米 580g×3包
权威有机认证 绝无染色
49.9元

不止如此，这样销售的农产品，很难形成一个具体的品牌。而有机农产品本身是走高端路线的，并不适合粗放式的无品牌经营。

“谷绿农品”有机农产品

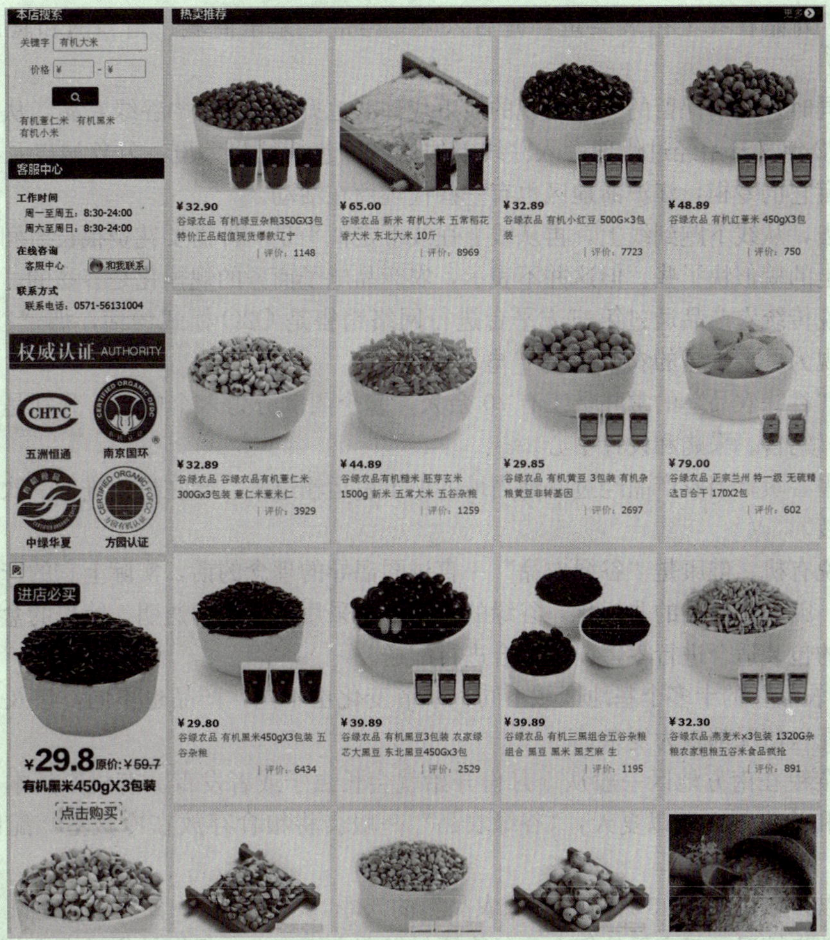

寻常的农产品销售，其生产方、供应商甚至后面的销售方都是不同的，那么质量的把控就显得有些脱节。而电子商务是依靠快速反应链才能高速运行的，王安平他们意识到，想全程掌控产品的质量，从生产开始到产品最后进入市场的每个环节都必须抓在手里。

“谷绿农品”在线上发展了一年多，开发的基地已有 13 处。王安平称之为“自有基地”。北至五常、小兴安岭、大兴安岭，南至神农架、云贵高原、和田，“谷绿农品”采用的是合作社的模式。由“谷绿农品”提供种子，进行承包，当地的农业人员负责种植、培育。收割完毕，在当地的工厂进行初次加工，随后再运回杭州进行深层次的加工。

从之前纯粹的有机五谷杂粮产品，到后来的七大类目 300 款单品，包括花茶、坚果零食、天然粉、食用菌、滋补品，“谷绿农品”都是和当地的农户或者无菌工厂合作，从生产开始把控，直到最后包装完成。

在2011年淘宝的某次聚划算活动中，谷绿农品的有机糙米日销售额超过了20万元。而2012年有机追溯码的推出则让有机产品的市场趋于成熟和规范。

经历产品为王这个阶段后，后者便是渠道为王。“谷绿农品”在天猫开设旗舰店的1年多后，开始在线上拓展渠道，先后入驻1号店、京东商城、当当网和腾讯的拍拍网等。

与此同时，先前保留的一些常规的线下代理商也开始活跃，“谷绿农品”从线下走到线上，2012年又开始经过代理商入驻线下的商城，包括杭州大厦、万象城以及北京的国贸大厦都有它的专柜，江沪浙地区也有一些代理商在活动。

看上去，从线下跑到线上，再从线上往线下走似乎是一件需要花费很长时间的事，而谷绿农品走的貌似快了些。但这并不表示，农产品电子商务的规模化是容易的。

如果说传统农产品通过第三方平台进行网络销售是O2O模式的话，那“谷绿农品”倒是可以视为一个垂直的农产品B2C电子商务。

目前“谷绿农品”的常驻员工有70余人，整个团队分为六个中心，分别是生产、物流、行政、销售、采购和设计中心。

生产中心负责当农产品经过基地当地的加工后运输过来，会在杭州进行二次加工和更精细的包装。

如果说有机、健康是“谷绿农品”一直试图倡导的理念的话，实际上它的产品包装反而更直观。因为农产品的非标化，谷绿的包装都是采用最直观的透明、简单的盒子或者罐子。这样的包装适合进行零售，也适合进行配送。

“谷绿农品”的十多个基地区域不同，季节变化也不同，产品也不同，涉及的产品保鲜、物流配送情况都较为复杂。

谷类杂粮在南方地区一般从5月份开始就会长虫子或者发霉。有机产品本身不添加任何化肥和杀虫剂，所以夏天，“谷绿农品”一般会将粮食存放在冷藏室，配以冷藏标签。

夏季以外，一般2～3月是“谷绿农品”的淡季，5月之后一直到年底是旺季。根据淡旺季的销售情况，王安平他们会将谷物原料保存在原产地，根据销售需求进行加工，再发往杭州的电子商务物流部。

谷物是时鲜性质不怎么鲜明的产品，实际上“谷绿农品”还有阳澄湖大闸蟹和大连长海县海参这两个产品。因为大闸蟹和海参的特殊性，其培育不可能由“谷绿农品”来完成，而是通过当地政府，以招标的形式筛选出合格的供应商，然后派遣专人小组在当地进行把关。并且直接由当地发货给顾客，而不是和其他产品一样还要发往杭州。

所以“谷绿农品”涉及两个成本，库存成本和物流配送成本。而物流配送成本又分为两块。一块是产品原产地将产品集体发往杭州电子商务物流部产生的物流费，一块则是杭州电子商务物流部将产品零售快递给消费者产生的快递费。

依据保鲜产品和非保鲜产品来划分，像大闸蟹和海参之类，谷绿采用的是冰淇淋式的发货模式，和顺丰合作，用冰袋和保温箱配送发货。非时鲜类产品则是普通的快递模式。

98 2013年，阿里各平台农产品交易的业绩如何？

（1）2013年，阿里平台上经营农产品的卖家数量为39.40万个。其中淘宝网（含天猫）卖家为37.79万个，B2B平台上商户约为1.6万个。

（2）2013年，阿里平台上的农产品销售继续保持快速增长，同比增长112.15%。1688平台同比增长了301.78%，为一大亮点。

（3）2013年，在淘宝网（含天猫）平台上，零食/坚果/特产类目为销售额最大的农产品类目，而生鲜相关类目保持了最快的增长率，同比增长194.58%，枣类为销量最大单品，支付宝交易额超过13亿元。

（4）2013年，在淘宝网（含天猫）平台上，从县域发出的包裹约14亿件，增长133.83%；发往县域的包裹约18亿件，增长105.68%；同样，2013年农产品的包裹数量达到1.26亿件，增长106.16%。

99 2013年，阿里各平台农产品网商的发展情况如何？

（1）农村卖家数与农产品卖家数

整体上看，至2013年阿里平台上的涉农网店数量继续保持发展和增长。注册地址在乡镇的农村卖家约为72万家，其中淘宝网（含天猫）卖家接近48万家，阿里巴巴诚信通账户为24万家。

阿里平台上经营农产品的卖家数量为39.4万家。其中淘宝网（含天猫）卖家为37.79万家，相较2012年的26.06万家，增长45%。而在阿里巴巴B2B平台，经营农产品的中国供应商和诚信通账号约为1.6万个。

（2）农产品卖家的地域分布及增长情况

从淘宝网（含天猫）农产品卖家的地域分布来看，广东省的农产品卖家数量最多，为4.66万家，浙江、江苏排在第二、三位。

从增幅来看，我国港澳台地区及海外因基数较小同比变化较大，各省区中安徽增幅最快，达24%，而贵州则呈负增长，为−15%。

（3）新农人崛起与合作社开店

2013年，作为农产品流通多元化主体中的一支生力军，新农人悄然崛起。新农人的构成多样化，有本地农村人口，有外出一段时间的返乡者，也有大量的外来者，他们或来自外乡，或来自城市，其中较多的人具有其他职业背景，尤其包括了一批“新知青”。新农人从事农产品生产经营活动，主要依托种养大户、家庭农场、专业合作社、企业、协会等为组织载体，而以淘宝网为首的第三方市场化平台成为了他们电子商务实践的主战场。

2013 年淘宝网（含天猫）农产品卖家分布和增速

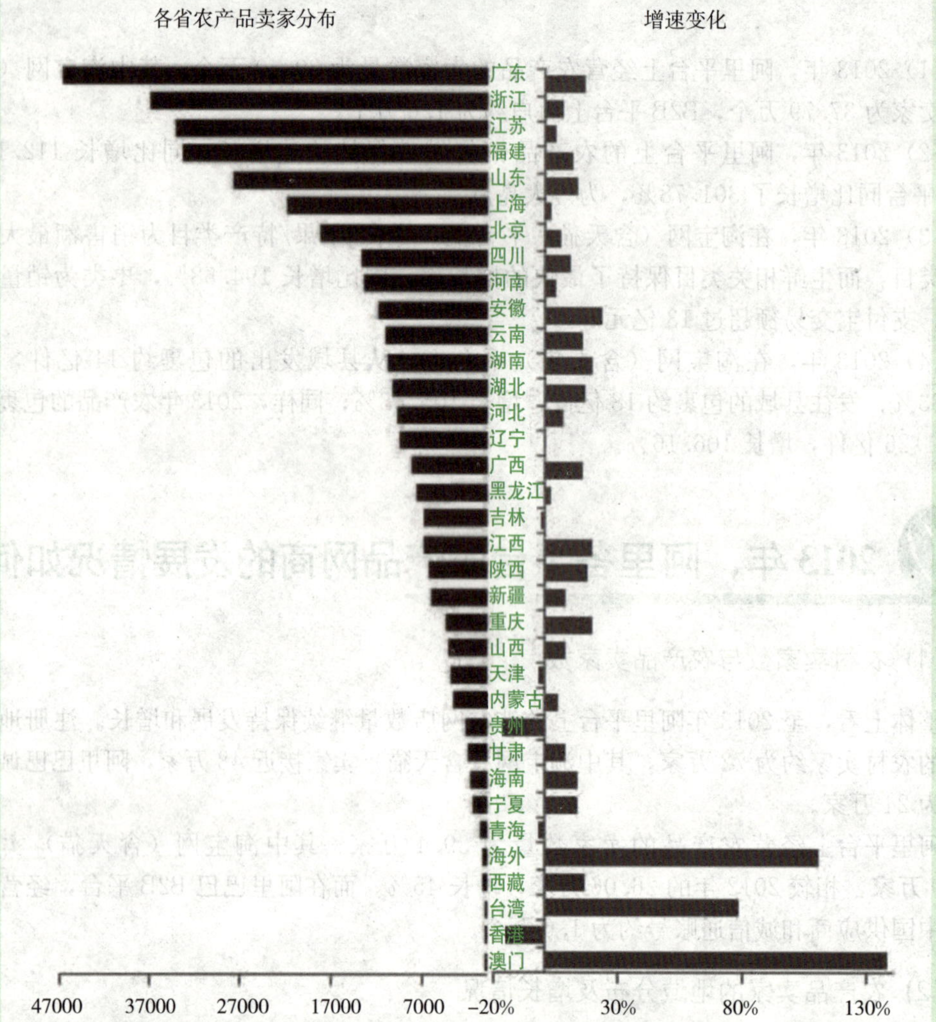

作为农产品流通的主力军，个体农户和农民专业合作社经过电子商务渠道，逐渐在新型流通方式中展现力量。通过淘宝农业的努力和拓展，2013 年，各类合作社通过淘宝网进行农产品网络销售，从零星变为趋势。截至 2013 年年底，申请入驻淘宝生态农场的合作社数量为 452 家，完成认证并入驻的 338 家，这些合作社以水果和粮油米面品类为主，分布在全国 25 个省份。

100 2013年，阿里各平台农产品电子商务交易如何？

(1) 整体销售额

2013年，阿里农产品销售在2012年的基础上继续保持快速增长，同比增长112.15%。其中淘宝网（含天猫）平台占97.25%的比重，1 688平台约占2.71%。

1688平台在农产品网络批发领域进行了积极探索，2013年较2012年增长了301.78%，为阿里巴巴农产品电子商务的一大亮点。另外，在具体的运营中，则开展周二聚、新品首发、品牌巡演、预售等多种营销手法，拉升市场形象。

(2) 农产品销售的类目分布

从具体类目来看，淘宝网（含天猫）平台上，零食/坚果/特产类目为最大农产品类目，占比35.19%，其次为茶/咖啡/冲饮和传统滋补营养品类目。

2013年淘宝网（含天猫）农产品销售类目分布

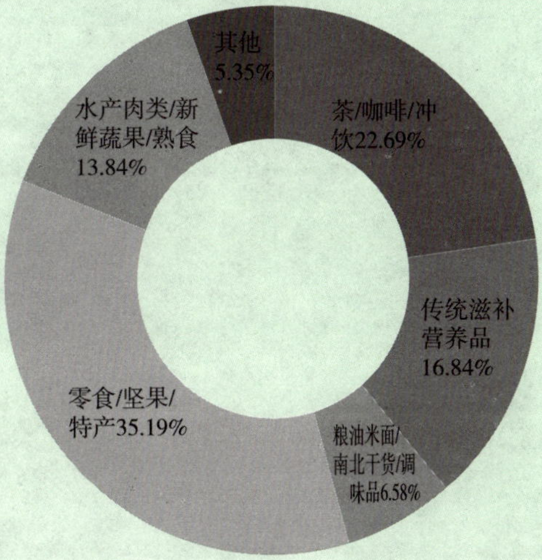

从增长趋势看，相关生鲜类目（水产肉类/新鲜蔬果/熟食）在2012年之后依然保持了最快增长，比2013年增长194.58%，这也印证了2013年生鲜是整个行业的热点。

(3) 农产品销售的单品情况

从具体的农产品单品来看，淘宝网（含天猫）平台上，枣类为销量最大单品，2013年支付宝交易额超过13亿元；乌龙茶、普洱等也名列前茅。

同时，枣类也是网销最普及的农产品，遍布除我国澳门地区的所有省份。

增幅最快的单品为莲藕，其次为龙眼、橙子、李子等水果。

(4) 农产品销售的地域分布

从农产品销售的地域分布来看，在淘宝网（含天猫）平台上，2013 年浙江、福建、江苏的销售额排在全国的前三位。安徽、陕西增幅位居前列，分别达到 273％和 219％。内蒙古则呈负增长，为－22％。

江南地区的绿茶、干果、水产，华北的枣类，黄渤海的海鲜，东北的人参、大米，西北的干果、传统滋补品，西南的普洱、药食同源食品，闽台的乌龙茶，沪粤港的进口食品，在 2013 年均有不俗销量，共同构成了淘宝网土特产地图。

(5) 农产品消费的地域分布

从农产品消费的地域分布来看，在淘宝网（含天猫）平台上，全国呈东、中、西三个阶梯，排名基本与经济发展水平相当，广东、浙江、江苏分列全国前三位。在增速方面，中部地区位居前列，山西最高，达到 161％。

主要参考文献

阿里研究院涉农项目组.2012. 阿里农产品电子商务白皮书（2012）[M].杭州：阿里研究院.
阿里研究院涉农项目组.2013. 阿里农产品电子商务白皮书（2013）[M].杭州：阿里研究院.
费建.2010. 农产品电子商务指引 [M].上海：文汇出版社.
涂同明.2011. 农产品电子商务 [M].武汉：湖北科学技术出版社.
占锦川.2010. 农产品电子商务 [M].北京：电子工业出版.
张波.2013. O2O：移动互联网时代的商业革命 [M].北京：机械工业出版社.

图书在版编目（CIP）数据

农产品电子商务100问/刘立民，曾立新主编．—北京：中国农业出版社，2017.8（2019.7重印）
新型职业农民示范培训教材
ISBN 978-7-109-23020-0

Ⅰ.①农… Ⅱ.①刘… ②曾… Ⅲ.①农产品－电子商务－技术培训－教材 Ⅳ.①F724.72

中国版本图书馆CIP数据核字（2017）第136476号

中国农业出版社出版
（北京市朝阳区麦子店街18号楼）
（邮政编码100125）
责任编辑 郭晨茜 诸复祈

中农印务有限公司印刷 新华书店北京发行所发行
2017年8月第1版 2019年7月北京第2次印刷

开本：787mm×1092mm 1/16 印张：10
字数：230千字
定价：30.50元